JN017115

経済法

ECONOMIC LAW

編著・河谷清文

著・中川寛子
西村暢史

有斐閣ストゥディア

はしがき

　真面目に勉強し，経済法（独占禁止法）の知識は頭に入ったけれども，なんだかモヤモヤした感じがあって，腑に落ちない，という人はいないでしょうか？　私たちがこれまでに授業をしてきた中でも，そういった学生さんが何人もいました。そういう人たちに，是非，この本を読んでみてほしいと思っています。この本の最初の部分は，そういった人たちがしばしば無意識に引っかかっている価値観のもつれを整理して，一応の落ちつきを与えることができるかもしれません。もちろん，最初からこの本で勉強を始めれば，無理なく素直に理解していけます（たぶん）。

　経済法（独占禁止法）は，平成以降，社会的に広く認知されるようになりました。法学部以外の学部でも，経済法が履修科目として設置されています。法律知識がない学生さんでも理解できるように説明するテキストが必要です。この本は，高校までの知識の延長で理解できるように説明する，ということを目指して書き始めました。

　この本では，会話文など，とっかかりとなる導入部から入ってイメージしやすくし，細部の正確さよりもコアにあたる考え方を伝えるように意識して，わかりやすい言葉で説明しています。専門用語はできるだけ使わずに説明していますが，説明の後で「これは『○○』と呼ばれます。」といった感じで示したり，「TERM」で説明したりしています。また，法学部生以外には必要ないような細かい説明の箇所には，スキップできるように示しています。

　「Column」には，人によっては当たり前に思うようなことを確認的に説明したものと，本文でちゃんと書こうとしたら細かすぎるから大雑把に説明したものと，ちょっとした豆知識や話題について書いたものとがあります。わかっていれば読み飛ばしてもいいですし，題名を見ておもしろそうなところだけ読んでいただいてもかまいません。

判例や審決・排除措置命令などの事例については，具体的なイメージを示すために，少数だけ，単純化してわかりやすいように加工して用いました。より詳しく正確に知りたい方や，もっと多くの事例を知りたい方は，判例百選などを用いて補足して下さい。

　この本の章立てはとりあえず条文の順にしていますが，テキストとして使用する場合，どのような順番で講義するかは自由です。イメージしやすく事件としてもわかりやすい話から始めるのであれば，例えば，第1章（総論）の前半だけやったら，第3章（不当な取引制限）から入り，第5章（不公正な取引方法）にとんで，第2章（私的独占）に入り，そして第4章（企業結合），という順がありえます。他方で，市場を意識して分析する枠組みを先に示したいというのであれば，第1章（総論）の次に，第4章（企業結合）をやってから，第2章（私的独占）あるいは第3章（不当な取引制限）に進むという順もありえます。お好みのスタイルで使って下さい。

　この本は，すべての章を通じて統一性を持たせるため，河谷が編者となり一任を受け，内容，説明のレベル，文体などについて手を入れ調整しました。作図については，西村が統一的に整理しました。これにより，全体を通して平仄が取れ，読みやすくなったのではないかと思います。

　本書の刊行には，非常に長い年月がかかってしまいました。武田邦宣教授（大阪大学）から奇譚のないご意見をいただき，一部については骨格を与えていただきました。そして，なんとか刊行にたどり着くことができたのは，有斐閣編集部の藤本依子氏，一村大輔氏，清田美咲氏，井植孝之氏に粘り強くお付き合いをいただいたおかげです。ここに著者一同，心から感謝申し上げます。

　2023年7月

著 者 一 同

目　次

CHAPTER 3 不当な取引制限・事業者団体

CHAPTER 4 企 業 結 合

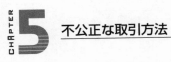

不公正な取引方法

Column ● コラム一覧

●**法令名・指針等略語**

　　　本文中（）内の条文引用で法令名の記載のないものは，原則として私的独占の禁止及び公正取引の確保に関する法律（独占禁止法）の条文であることを示しています。そのほか本書で用いる略語は以下のとおりです。

　　景表法　　　不当景品類及び不当表示防止法
　　下請法　　　下請代金支払遅延等防止法
　　一般指定　　不公正な取引方法（昭和57年6月18日公正取引委員会告示第15号）
　　企業結合ガイドライン　　　企業結合審査に関する独占禁止法の運用指針
　　事業者団体ガイドライン　　　事業者団体の活動に関する独占禁止法上の指針
　　排除型私的独占ガイドライン　　　排除型私的独占に係る独占禁止法上の指針
　　不当廉売ガイドライン　　　不当廉売に関する独占禁止法上の考え方
　　優越的地位濫用ガイドライン　　　優越的地位の濫用に関する独占禁止法上の考え方
　　流通取引慣行ガイドライン　　　流通・取引慣行に関する独占禁止法の指針

●**裁判例・判例等略**

　　最判　　最高裁判所判決　　　　　　　　**地判**　　地方裁判所判決
　　高判　　高等裁判所判決　　　　　　　　**公取委**　公正取引委員会

●**判例集等**

　　民集　　最高裁判所民事判例集　　　　　**高民集**　高等裁判所民事判例集
　　刑集　　最高裁判所刑事判例集　　　　　**高刑集**　高等裁判所刑事裁判例集
　　行集　　行政事件裁判例集　　　　　　　**審決集**　公正取引委員会審決集
　　平成○年度事例△　　公正取引委員会のウェブサイトで公表されている「平成○年度における主要な企業結合事例」で紹介されている事例△

　　（　）内の数字は，経済法判例・審決百選〔第2版〕（2017年）の事件番号を指しています。

著者紹介

編著者

河 谷 清 文　中央大学大学院法務研究科教授
こう たに きよ ふみ
［第 1 章・第 2 章・第 5 章。第 3 章・第 4 章補訂］

著 者

中 川 寛 子　北海道大学大学院法学研究科教授
なか がわ ひろ こ
［第 3 章］

西 村 暢 史　中央大学法学部教授
にし むら のぶ ふみ
［第 4 章。全作図補訂］

第 **1** 章

総　論

　　ここでは，多くの人が持っているかもしれない，「○○アレルギー」を和らげてもらおうと思います。この「○○」は，経済法，なかでも独占禁止法を学ぶ上でだいじなものです。さて，「○○」とはなんでしょうか？

　　ところで，経済法は，名前に「経済」とついています。数式とか，グラフとか，なんだか面倒な計算が必要なイメージがあるかもしれません。しかし，この本では，数式とかグラフとかは使いません。常識的な感覚から連想すれば理解できるように説明します。もし，ちょっとわからなくても，気にせずに読み進めてください。そして，気になったら，また戻って読み直してください。

1 基本となる価値観

1 競争はお嫌いですか？ ─────────────────────●

とある教室。先生と学生たち。

先生：とつぜんですが，質問です。「あなたは，いま，自由ですか？」

学生A：いきなりそんなこと聞かれても，ちょっと答えにくいですが……。まあ，五体満足だし，病気もしていないので，不自由というわけではありません。

学生B：自分は，新型のスマホに買い換えたいんですけど，親はお金出してくれないし，自分はそんなお金ないから旧型のままです。

　　　　あと，この前，数量限定で人気キャラクターのグッズが発売されて，自分もそれがほしくて発売日に店に行ってみたんですけど，何日も前から徹夜で並んでた人たちがいて，もうそれだけで売り切れてしまって，結局，買えませんでした。

　　　　だから，自分は自由じゃないと思います。

学生C：そういう意味じゃないと思うけど。

　　　　でも，そういう私も，自由ではありません。受験に失敗して，行きたかった大学に進学できませんでした。本当はこの授業だってサボりたいけど，学費を親に払ってもらったし，卒業して就職するなら単位も必要なので，しかたなく出ています。

先生：あら，あら，それは残念ですねぇ。でも，まあそう言わず，せっかくだからキャンパスライフを楽しんでいってください。

　　　　それはともかく，次の質問です。「あなたは，自由でいたいですか？」

学生A，B，C：はい！ 当然です！

先生：おっ，即答ですね。では，「あなたは，競争したいですか？」

学生C：私はさっき言ったように，受験で競争に負けてここにいるわけで，もう競争なんかしたくありません。勝つのも負けるのも，もうこりごりです。

学生A：競争で，自分が誰かと比べられるのは，ちょっと嫌です。

学生B：徹夜で列に並ぶなんて競争も，おかしいと思います。そんなの，ちゃんと毎日，仕事に行ったり，学校に行ったりしてたら，勝てるわけないじゃないで

すか。

先生：なるほど〜。やっぱり，「自由」は好きでも，「競争」は嫌いなんですね。

　　　でもね，自由と競争は，表裏一体なんです。

　　　「自由」と「競争」は同じ意味なんですよ。

学生A，B，C：え〜〜っ？？？

2　国家から自由になれば，私人間で競争が生じる───●

　上の会話は，少し誇張されたものですが（もちろん，フィクションです），こんな感じに考えている学生も多く見られます。「争」の字が，戦争をイメージさせるのでしょうか？　それとも，日本は「和を以て貴しとなす」（by 聖徳太子）という伝統の国だから，日本人には競争がなじまないのでしょうか？　実際，「競争」という言葉は，江戸末期に福澤諭吉が英語の文献を翻訳したときに作った言葉で，それまで日本にはなかったそうです。翻訳した「競争」という文字を見た幕府のお役人の反応も，ネガティブなものだったそうです（福澤諭吉の自伝である『福翁自伝』にそう書いてありました）。

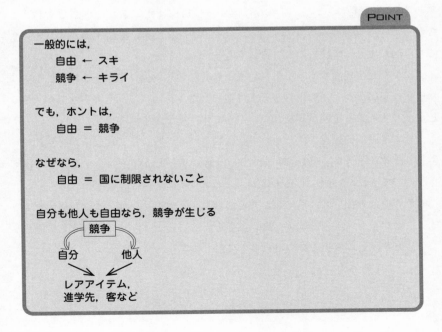

POINT

一般的には，
　　自由 ← スキ
　　競争 ← キライ

でも，ホントは，
　　自由 ＝ 競争

なぜなら，
　　自由 ＝ 国に制限されないこと

自分も他人も自由なら，競争が生じる

競争

自分　　他人

レアアイテム，
進学先，客など

さて，会話の意味について説明します。まず，「自由」という言葉ですが，この言葉を使うときは「××からの自由」という具合に，何からの自由なのか，をはっきりさせておかないと，話がかみ合わなくなります。

　上の会話の学生たちは，質問に対する答えからすると，自分の思いどおりになる，というイメージで「自由」をとらえていたようです。神様や王様のようなイメージだったのでしょうか。つまり，「あらゆる制約からの自由」という意味で考えたのでしょう。また，親や学校，会社，村などの古い価値観やしがらみから脱却して自由になる，といったテーマの小説や映画や歌謡曲などがたくさんありますが，それらもこの類いです。人間の成長過程で，誰しも一度は通過する課題です。

　それはともかく，法律・政治の分野では，「自由」という言葉を使う場合，「国からの自由」という意味で使うのが基本です。公権力によって民衆の思想や行動などが規制される，という場面が議論の対象になるからです。

　そういう意味では，国が規制して，学生Bが持つ携帯電話の端末をどれにするか，とか，数量限定のグッズを買うことができるのは誰か，について決めているわけではないので，これらは国からは自由です。また，学生Cが行きたかった大学に誰が入学できるか，学生Cがどの大学に進学するか，についても，国が規制して決めたわけではありません。

　国が規制せず自由であっても，個人それぞれの思い通りになるわけではないんです。レアなグッズをほしがる人は他にもたくさんいて，その人たちが入手しようとすることを国が規制しないからです。進学先も同様です。

　自分も自由，他人も自由，そして数は限られている。そこに競争が必然的に生まれます。そういう意味で，「自由」であることと「競争」をすることは同じなのです（まあ，厳密には違うかもしれませんけどね）。

　競争のやり方は，列に早く並ぶことだったり，オークションで高い値段をつけることだったり，入学試験で高い点数をとることだったり，それぞれに適したやり方とルールで決着をつけることになります。

競　争

「きょうそう」を漢字変換しようとすると,「競走」となることがあります。
見ての通り,「競走」は走る競争です。経済法は経済活動を対象とするので,
「競争」を使います。答案で「競走」と書くと,減点されるかもしれませんの
で気をつけてください。

Column ❶　競争は弱肉強食？

　競争にさらされる,というと,弱肉強食の世界で,弱い物は負けて死んでい
くのみ,といった厳しい世界を想像するかもしれません。ところが,実際には,
生きるか死ぬかといった激しい競争に常にさらされるわけではありません。例
えば,旅行に行くとき,お盆と正月は混むし料金も高いので,それを避けて閑
散期の平日に行くこともできます。人気商品も,発売日に買わず,落ち着いて
から買えば入手できます。競争には激しいところも緩やかなところもあり,日
常的に,予算や時間など優先事項に応じて選択して,普通に生活しているはず
です。自由であれば競争にさらされるからといって,過剰におそれることはあ
りません。

3　自由な経済活動は,競争を生じ,市場により調節される―●

　経済活動というと,なんだか大げさな感じがしますが,とりあえず,物を
売ったり買ったりといった商売をイメージしてみてください。

　例えば,東京上野の有名な商店街であるアメ横をあなたが歩いていると,あ
る店Aが「お客さん,いかがッスか？　安くしとくよ。1000円だよ！　1000
円！　1000円！」と威勢よく声をかけてきます。隣の店Bも,あそこにお客さ
んがいる,どうせならうちで買ってもらいたい,と思って「お客さん,1000
円で,さらにおまけもつけちゃうよ！」とアプローチします。もしも国が規制
していて,あなたは店Aでしか買ってはならない,となっていたら競争は生
じません。ところが,そんな規制がなくて,店Aも店Bも自由なので,どち
らも自分の店から買ってもらって利益を獲得したいと思うのが当然ですから,
お客さんをめぐって競争が生じます。そこでは,価格や品質,サービス,売買

の条件など，いろんな面で競^{きそ}い合い，最終的にはお客さんの選択によって決められます。

　このような買い手をめぐる売り手同士の自由な競争，逆に買い手同士の自由な競争，これらをたくさんまとめて見たものが「市場（しじょう）」です。売り手と買い手は，自分自身のために，それぞれ交渉して，その結果として取引が成立するのですが，それらをまとめてみると，ある法則が見えてきます。それは，売り手の供給と，買い手の需要が，一定の価格と数量で安定する，というものです。いわゆる「神の見えざる手」と呼ばれる，市場の自動調節作用です。売り手（供給者）も買い手（需要者）も，それぞれ自分の利益のために交渉しているのですが，それが市場全体を自然に調節していることにもなるわけです。このような市場の機能は，自由な競争によって維持されているのです。

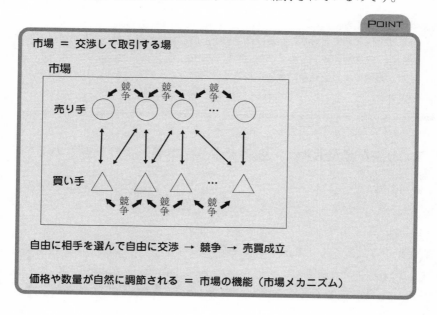

TERM

市　場

　市場と書いて，「しじょう」とも「いちば」とも読めます。具体的に売り買いするときに使用する施設や場所を指すときには「いちば」，抽象的に売り買いの総体を表すのが「しじょう」という感じでしょうか。でも，例えば「中央卸売市場」なんかは「しじょう」と読みますし，「築地市場」は「いちば」とも「しじょう」とも呼ばれるようですので，厳密なものではないようです。経済法では，売り買いの総体としての「しじょう」の方を扱います。

TERM

需要と供給

　典型的には，供給は売ることで，需要は買うことです。なので，とりあえずは，売り買いをイメージしてもらえば結構です。その他には，貸し借りの場合や，特許権などの使用許諾のような場合にも，需要と供給はあります。

4　競争は，ないよりも，あった方がいい

(1)　はっきりわかる比較

　自由でいたいなら競争は避けられない，ということがわかりました。そういった消極的な理由の他にも，積極的に競争を促すメリットもあります。経済学でも理論的に証明されているメリットです。

　需要と供給が市場で調節される，とかいうと，高校の社会の教科書で見た，需要曲線と供給曲線が交わるグラフを思い出すかもしれません。経済学のテキストだと，さらに多くの曲線が引かれたグラフとか数式とかが出てきて，「もうダメ，お手上げ」という人もいるでしょう。最近の経済法のテキストでも，このようなグラフを用いた説明をしているものがいくつかあります。でも大丈夫。このテキストでは使いません。次の2つの結論だけ覚えてください。

　(a)　競争がなくなると，競争があったときより，価格が上がり，数量が減る。

　(b)　競争がある方が社会全体の利益が大きく，競争がなくなると利益が減る。

たったこれだけのことなのですが，これを証明しようとすると，グラフを使ったり，数式を使ったり，面倒な説明をしなくてはならないのです。でも，この結論は経済学では常識なので，そのまま受け入れて覚えましょう。

　競争がまったくない状態を「独占」といいます。競争者がいなければ，「独」り「占」めできますからね。

価格と数量は連動する
　・価格が上がる → 数量が減る
　・数量が減る → 価格が上がる

競争 → 価格が下がる
独占 → 価格が上がる

独占 ＝ 価格が上がる・数量が減る
　　　→ 社会全体の利益が減る（特に消費者の利益が減る）

結論　　競争が無いより，競争がある方がいい

　常識的な感覚でも，競争がなくなって独占になれば価格が上がりそうだな，というのはわかると思います。あとは，価格と数量が連動していて，価格が上がれば，買える人が少なくなるから，市場で取引される数量も減るだろうな，と連想すればよいかと思います。これが上記(a)です。そして，このような，価格が上がり数量が減った状態では，社会全体の利益（特に消費者の利益）が減少してしまいます。これが上記(b)です。その失われた社会全体の利益のことを，経済学の用語では，「死重損失」と呼んでいます。

┃(2)　経験でなんとなくわかる比較┃

　上記(a)と(b)の他にも，競争がなくなり独占になると生じる弊害があることが，経験的にわかっています。

　例えば，(c)非効率によるコスト増加です。競争がないので，価格を下げたり，サービスを良くしたりする必要がありません。したがって，コストを下げる努力をしないし，お客さんの要望に真剣に応えようとしません。「お役所仕事」

と呼ばれるような非効率さをイメージしてください（最近の役所は改善されているそうですけどね）。

　また、(d)発明などの技術革新が遅滞するとも言われています。競争がないので、品質改善や新商品の開発をする必要がないからです。

　その他にも、(e)レントシーキングと呼ばれる行動が知られています。これは、独占している企業は、政府や政治家に働きかけ（当然、そのための様々な活動にはそれなりの大金をつぎ込みます）、独占による利益を維持するために、自分に都合の良い制度を作ってもらおうとする行動です。

　以上の(c)〜(e)は、必ず起こるとは限りません。が、経験的に見られる現象ですし、なるほどありそうだ、と思わせる説明です。

(3)　望ましい方の状態を守る

　このように、競争がなくなり独占になると、競争がある場合よりも悪い状態になります。競争があった方が、価格が安く、物が豊富で手に入りやすく、品質が良くて、サービスも良くて、新しい技術が発明されて、便利な商品が生み出されやすいです。したがって、自由な競争が行われ、市場が健全に機能するようにしなければなりません。

　市場における自由競争を維持するために定められた法律が、独占禁止法です。

Column ❷　欲望の正しい活用

　人間なら誰でも欲望があります。欲望というと、なんだかドロドロとした汚いもののイメージです。清く正しく生きたいけど、欲望を抑えきれなくて苦悩する、そんなテーマの文芸作品がたくさんあります。それらの中では、欲望を制御して否定する人が、立派な人物として描かれがちです。確かに欲望が問題を引き起こす場面が多くありますし、それらの否定を極めようとする宗教もあるかもしれません。

　他方で、自由競争を基本とする市場経済においては、人間の欲望を有効活用します。家族を飢えさせたくない、より良い暮らしがしたい、より多くの利益を得たい、より安く買いたい、より良い物を手に入れたい等々、いろんな欲望を満たそうとして、個人個人が自主的に目を光らせ、頭を働かせ、達成しようと努力します。商売人であれば、より多くのお客さんに、より多くの商品を

買ってもらうため，コストダウンし，価格を下げ，新しい良い商品を開発して発売し，より良いサービスを提供する。それによって，たくさんのお客さんと取引ができ，より多くの利益を得ることができます。その結果，お客さんの側も利益を得ます。より良い物をより安く手に入れられるようになるからです。個人の欲望を満たそうとして，自主的に努力し，その結果，全体としても利益になる。そういった欲望の良いスパイラル（循環）を達成しようとするのが，市場経済です。

　もちろん，欲望を達成するための方法には一定のルールがあります。ルールの範囲内で公正かつ自由に競い合い，お互いに力をつけ，全体のレベルが向上するよう，国は見守らなくてはなりません。

5　すべてに万能なものはない

(1) 市場の失敗

　自由な競争にまかせて市場が自動的に調節するのが良い，ということは，国（政府）は経済に干渉しないのが原則です。

　とはいえ，まったくの自由放任では問題が生じることがあります。例えば，公害の発生などです。そういう意味では，市場はすべてにおいて最適な結果を出すとはいえません。このような市場の機能の限界を，「市場の失敗」と呼んだりします。

　そこで，国は，企業の経済活動に一定の規制をかけ，自由を制限することになります。公害を防止したり，事故を防止したりして，人々の健康や安全を守るため，様々な法律を制定します。その他にも，人々の日常の生活が安定して行えるよう，生活に必要なライフラインを整備するため，様々な規制をします。電気，ガス，通信，交通，金融などの分野で，そうした規制のための多くの法律があります。

⑵ 政府の失敗

市場
　自動的に最適な調節をしてくれる機能は便利で有用
　でも万能ではない

政府
　必要に応じて規制
　でも失政もしばしばある

原則　＝　市場の機能にまかせる
例外　＝　政府による必要に応じた規制
　　　　　ただし，ときどき見直すこと

　このような規制法による自由な経済への干渉は例外のはずなのですが，現実には非常に多く存在し，自由な経済活動の妨げとなることがあります。必要に応じて作った規制ですから，仕方ないと言えば仕方ないのですが。しかし，時代が変化し，再点検してみると，現在では不適切な規制というのも出てきます。

　なんとなく，国は個人よりもいろんな意味で力があって，公益にかなった正しい判断をしてくれそうなイメージがあります。しかし，国（政府）が失敗することもあるのは，当然のことです。なぜなら，国や政府といっても，その判断をしているのは，政治家や官僚といった人間だからです。人間は，未来を予測しようとしていますが，正確に知ることはできません。天候不順や自然災害で農作物が不作なら，経済は影響を受けます。世界のどこかで戦争が起これば，経済が混乱します。将来，生活をがらりと変えるような技術が発明されれば，経済も大きく変わるでしょう。これらは，スーパーコンピュータを使っても，正確に知ることはできません。未来永劫続く最適な法制度を作ることはできないし，その時点では良かれと思って推進した政策が見込み違いで失敗に終わることもよくあります。そうして失敗した政策や制度がなかなか軌道修正されず，不適切になった規制がいつまでも残り，非効率を生み続けることになります。国が法制度を作って規制したとしても，すべてがうまくいくわけではないこと

がわかります。これを,「政府の失敗」と呼んだりします。これら不適切になった規制を廃止したり改正しようとするのが,1980年代から続けられている規制緩和や規制改革です。

Column ❸ 国による独占も弊害を生む

　かつて,企業が私的な利益を追求して一般消費者や労働者を搾取する資本主義は望ましくなく,国が公共的な視点から経済を統制あるいは独占すべきである,といった主張がなされた時代がありました。しかし,国が経済を全面的に統制すると,大きな弊害が生じることも経験的にわかってきました。

　まず,前出の「政府の失敗」と同様に,経済政策を立案し決定するのは人間なので,その能力に限界があるのです。そして,失敗であってもなかなか修正されず,あたかも計画通りに実績を上げているかのような虚偽の報告が積み重ねられ,事態がますます深刻な状況に陥ることがあります。

　聖人君子のような高潔な人間もいますが,多くの人間はそうではありません。国が経済を統制すればするだけ,それに関わる役人や政治家の権限が大きくなり,不正によって大きな利益を生み出すことができる力となります。そして,わいろや利益誘導,不正な蓄財などが横行するのです。全員がそんな人間だというわけではありませんが,旧社会主義国でわいろが横行し,一般の人たちが物不足で列をなしているのに,一部の人たちは贅沢な暮らしをしていた,という歴史的な事実があります。このような公的権力を持つ人たちによる統制が維持されている状況では,企業が独占した場合以上に,国家全体の経済に与える弊害が大きくなりそうだ,という経験による知見が得られました。

　したがって,国が経済を独占するよりも,臨機応変にその時々の状況に対応でき,透明性の高い市場による自動調節作用を基本に据えて活用する方が「まだマシ」なのだ,というのが現時点での基本的な認識です。

　最近では,「市場原理の導入によって雇用が不安定になり格差が拡大した」といった主張がしばしばなされます。拡大した格差を埋めたり,最低限の生活を保障したりするための政策は必要です。しかし,そのために自由競争や市場原理を全否定するというのは,上記のような弊害を招いたり,社会全体の豊かさを削ぐことになるでしょう。「角を矯めて牛を殺す」(曲がった牛の角を無理に直そうとして肝心の牛を殺してしまう,という意味)ということわざもあります。経済の基本は市場における自由競争による,ということを忘れないようにしましょう。

⑶ 新しい問題

　技術が進歩し，社会が変わると，新しい問題が生じます。例えば，インターネットが普及し，通信速度が向上し，ほぼ全員がスマートホンなどの携帯端末を持ち，写真，動画，音声，文字，位置情報，購入履歴，閲覧履歴，その他行動などの情報が，記録，集約，分析，活用される社会へと，この30年ほどで変貌しました。政府が万能で，未来がわかるなら，30年前に完璧に対策された法制度を作っていたはずです。しかし，実際には，問題が起こってから，いろいろな制度を手直ししたり，新しい立法をしたりしています。

　後追いであっても，問題があるなら対処しなければなりません。方法は大きく分けて２つです。①現行法の解釈・運用を変更して対応する，②新しい制度を立法により作り出す，という方法です。

　IT分野では，いわゆるGAFAなどと呼ばれるデジタル・プラットフォーム事業者たちの強大な力が，世界各国で問題視され，対策が検討されています。しかし，全貌が大きすぎて，把握・分析し対応策を創出する作業は，道半ばです。したがって，②の立法もなかなか難しい状況です（3・1 Column ❺参照）。⇒28頁

　とりあえずは，①の解釈・運用による対応になります。独占禁止法は，その最前線です。事業者間の取引，消費者に対する取引，合併や株式取得などの企業結合，新技術を使った見えにくいカルテル類似の行為などなど。全体像の把握とともに，実際に現れてくる問題の所在を把握し，研究・分析し，運用方針を変更し，それが伝わるようガイドラインを改定しています。もちろん，まだ新しい問題なので，実績は乏しく，解説するにも十分な材料がありません。それでも，この本では，それぞれの章で，少しずつ，新しい問題にも触れていきたいと思います。

法制度の紹介

1 日本の経済の基本を支える法制度────────────●

　「競争アレルギー」はいくらか緩和できたでしょうか？　好き嫌いにかかわらず，日本は市場経済を基本とする国です。日本国憲法もそのように定めています。

　憲法では，財産権の保障と職業選択の自由が定められ，基本的人権として経済活動の自由が保障されています。したがって，日本では，原則は，国は市場に干渉せず，会社や個人に自由な競争をしてもらいます。

　独占禁止法は，自由な競争を守るための法律です。日本の経済の基本を支える法律ともいえるでしょう。中学・高校の教科書には，独占禁止法のことを「経済憲法」であると紹介し，その重要性を説明するものもあります。

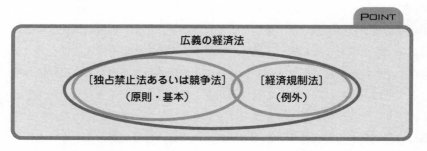

　経済の原則は自由競争なので，「経済法」という科目は，そのほとんどを「独占禁止法」の講義に費やします。この本もそうです。

　しかし，広義では，例外にあたる，国が必要に応じて規制する法律を含んで「経済法」と呼ぶこともあります。その場合には，経済法を，競争法（独占禁止法）と経済規制法の2つに分類して説明したりします。経済規制法には，**1**・
5(1)であげた分野の他にも，たくさんの法律が含まれます。

　独占禁止法は，自由な競争を守るための法律です。でも，自由な競争というのは，国が干渉しない，ということだったはずです。国は独占禁止法を使って，

いったい何をするのでしょうか？

2 独占禁止法の目的 ─────────────────────●

国は，経済をどのようにしたいと考えているのでしょうか？　当然，国民が
飢えることなく豊かな生活をさせたい，そのためには国の経済を発達させたい，
と考えていることでしょう（究極目的）。これは，どこの国でも同じはずです。
資本主義でも社会主義でも同じはずです。

では，どうやって，豊かな生活とか経済の発達を実現するのでしょうか？
これが，資本主義と社会主義とでは異なります。社会主義だと，国の統制の下
で計画的に経済を運営して実現することが予定されていました。それに対して，
日本の場合は，公正かつ自由な競争を促進することで（直接目的），豊かな生活
や経済の発達（究極目的）を実現できる，と考えています。

でも，そんなので本当に実現できますかね？

小劇場　※わかっていると思いますが，フィクションです。
国：みなさんの商売には干渉しないので，自由にやってください。
　　　↓
大阪のA社：お客さん集めるなら，まずは値段や。他より安うして，でも，儲けは
　　　　　　確保せんとな。効率化してコストダウンや。
京都のB社：安いだけが商売やありまへん。品質とお客はんの信用が第一。品質向
　　　　　　上，サービス拡充。
名古屋のC社：あげな機能がありゃあ売れるやろなあ。そんなら今の技術じゃ足り
　　　　　　んか。研究して新製品開発するかね。
　　　↓
A社：やっぱり安いが一番。お客さん増えて売上げアップや。
B社：わかってるお客さんは，やっぱりわかってくれはるもんや。おかげさんで，う
　　　　ちのブランドが，ええ商品の目印みたいになって，商売繁盛させてもろうとり
　　　　ます。
C社：新製品の評判は上々や。他とは違う一歩進んだ新しい製品，創り続けるで。
A社，B社，C社：「事業拡張につき人材募集中」
　　　↓
従業員X：新社員募集で就職できた。

従業員Y：仕事増えて忙しくなったけど，給料は増えた。

消費者Z：全般的に値段が下がったのに，品質も機能も向上してる。

↓

A社，B社，C社：順調に事業拡大中。次は海外進出。

国：みなさん，引き続きそれぞれ自由に商売がんばってください。でも，カルテルとか，輸入の阻害なんかはダメですよ。正々堂々，自由競争して事業を発展させてくださいね。自由な競争を害する事業者がいたら，こちらで処分しますので。

　自由な競争を促進させると，競争にさらされた事業者たちは，自分が競争に負けないように，そして利益を大きくするために，コストダウン，品質の改良，サービス，新製品の開発，新技術の発明など，一生懸命考えてアイディアを出し努力することでしょう。それがお客さんのニーズに合致してうまくいけば，事業活動が盛んになります。すると，仕事が増えて忙しくなりますし，さらに事業を拡大したりして，従業員の雇用を増やすでしょう。また，会社の利益が増大したなら，従業員の給料も増え，所得の水準が上がるでしょう。所得が増え，より良い物がより安く出回るようになっていれば，国民は豊かな暮らしができます。また，安くて良い物なら，輸出することができ，経済が発達するでしょう。日本は，こんなシナリオを頭に描いているのです。

　独占禁止法の目的規定（1条）には，これが書いてあります（1条の条文はとても長いので，一度読んだだけで理解できる人はいません。心配は無用です）[1]。読み方としては，3つの部分に分けて，後ろの方から読むのがよいでしょう。条文の最後の方の「以て」以降が，どこの国でも考える究極目的の部分です。だいたい真ん中あたりの「公正且つ自由な競争を促進し」からの部分が，直接目的とシナリオです。条文と上の説明を照らし合わせてみてください（微妙に言い換えたり，説明を補ったりしている部分もあります）。

---

note

[1]　独占禁止法1条　「この法律は，私的独占，不当な取引制限及び不公正な取引方法を禁止し，事業支配力の過度の集中を防止して，結合，協定等の方法による生産，販売，価格，技術等の不当な制限その他一切の事業活動の不当な拘束を排除することにより，公正且つ自由な競争を促進し，事業者の創意を発揮させ，事業活動を盛んにし，雇傭及び国民実所得の水準を高め，以て，一般消費者の利益を確保するとともに，国民経済の民主的で健全な発達を促進することを目的とする。」

独占禁止法の目的（1 条）

実現手段 ＝ 競争を制限する行為の禁止
↓
直接目的 ＝ 公正かつ自由な競争の促進
↓
究極目的 ＝ 一般消費者の利益・経済の発達

　条文の前半分は，独占禁止法が具体的には何をするのか，という実現手段が書かれています。日本の経済の基本は，自由に競争してもらって市場にまかせる，つまり国は干渉しない，というものです。なので，法律を作ること自体が干渉であり，矛盾しているかのようにも見えます。

　しかし，自由な競争をしてもらうといっても，自由放任ではないのです。自由放任にした結果，ある事業者が独占し，競争がなくなってしまうのは望ましくありません。自由な競争が維持され，市場が健全に機能するようにするのが，国の役割なのです。そのために，事業者が公正かつ自由な競争を制限してしまう行為を，国が規制するのです。

　具体的には，私的独占，不当な取引制限，不公正な取引方法という3つの行為を禁止します。この3つの行為の禁止を，独占禁止法の3本柱と呼んだりします。それから，合併などの企業結合も，一定の場合には規制されます。これを4本目の柱と呼ぶこともあります。以上のような行為の禁止と規制が，実現手段として，1条の条文の前半分に書かれています。違反となる行為それぞれについての詳細は，⇒45頁第2章以降を見てください。

事業者

　独占禁止法は，事業者の行為を規制します。継続的に商品や役務（サービス）を供給して対価を得る者を「事業者」といいます。営利目的かどうかは関係ありません。大学や病院も事業者です。東京都などの自治体も，水道やバスや地下鉄などの役務（サービス）を提供して，それらについて料金を取っているので，その面では事業者です。一般市民が，読み終わった本を古書店やフリーマーケットで売っても，それがそのとき限りの単発的な行為なら，事業者にあたりません。しかし，毎月フリーマーケットに出店するため，わざわざ出品する商品を仕入れているようなら，事業者になるかもしれません。

3　独占禁止法は，独占を禁止すればいいのか　　　　　　　●

(1)　独占だけを禁止するわけじゃない

　前で，競争がないより，競争があった方がいい，と説明しました（⇒7頁 ❶・❹参照）。競争がまったくない状態というのは，他の競争者が1つもいないということですから，1社で市場シェア100％の独占を意味します。独占禁止法は，この独占だけを禁止する法律なのでしょうか？

　競争がなくなると，価格が高くなり，物が不足し，社会全体の利益が減る，という弊害がある，ということでした。だったら，同じような弊害が起こるなら，厳密には独占でなくても望ましいことではないので，対策を講じるべきです。このような弊害を生じる原因は，本来であれば価格や数量を市場メカニズムが自動的に調整するはずなのに，独占者が人為的にゆがめてしまうところにあります。したがって，市場シェアが90％とか70％くらいの事業者でも，同じことができるなら禁止すべきです。さらに，市場シェアが10％未満の事業者でも，多数が集まって共同することで同じようなことができるなら，同様に禁止すべきということになります。また，独占に近づけるような競争を減らす行為も，競争が増えないように抑制する行為も，予防的に規制すべきでしょう。

市場シェア

　市場の全取引量のうちどれだけを取引しているか，を示す数値で，「市場占有率」とも言います。百分率（％）を単位とするのが通常です。その計算の基になる数値は，取引した商品の数の場合もあれば，金額である場合もあります。

(2)　独占は全部禁止するというわけでもない

　独占禁止法は，形式的に独占だったらすべて禁止しよう，とは考えていません。また，市場シェアが大きいから，というだけで違反にするのでもありません。

　良い商品を安く供給し，競争していたら，結果として市場シェアが増えていった，というような場合もありえます。また，まったく新しい発明により，新製品を製造し販売できるのが，その事業者だけだったら，その市場シェアは100％で独占ということになります。このような競争の結果としての独占や高い市場シェアを，独占禁止法を使って禁止すべきでしょうか？

　そんなことをしたら，競争して安くしたり発明したりした甲斐がなくなってしまいます。せっかくがんばったのに報われなければ，競争がなされなくなり，価格は安くならないし，新しい発明も生まれなくなるかもしれません。それは社会全体にとっても望ましくありません。政策的には，競争を経た結果としての独占や高い市場シェアを，それだけで違反とすることはしない方がよいでしょう。

(3)　形だけでなく実質も見て判断

　それでは，どんな独占を禁止するのでしょうか？

　物事を見るときはなんでもそうですが，形式と実質があります。「人は見かけだけで判断してはいけない」などと，よく言われますね。形だけ見て判断すると実態に合わないこともあるし，実質を見極めようとすると複雑すぎて判断しにくく，時間がかかったり結論が出なかったりすることがあります。法制度として運用するためには，形式と実質の両方をうまくバランスを取って，違反となる基準を明確にし，実態に合わせた応用ができるようにしないといけません。

```
形式    ＋    実質
行為要件  ＋  効果要件
```

独占禁止法では，**行為要件**と**効果要件**の両方を満たさないと，違反行為になりません。まず，行為要件として，行為の外形から形式的な判断をします。次に，効果要件として，自由競争を制限し人為的に市場メカニズムをゆがめてしまう，といった効果も分析して実質的な判断をします。

行為要件については，私的独占，不当な取引制限，不公正な取引方法，企業結合など，禁止される行為それぞれに異なります。競争を制限する行為を大きく分けると，競争回避と競争排除に分類されます。競争回避は，例えばカルテルや談合など，お互いの競争を避ける共同行為で，主として不当な取引制限の対象となります（第**3**章）。競争排除は，競争者などの他の事業者を市場から追い出したり入って来れなくしたりする行為で，主として私的独占の対象となります（第**2**章）。ただし，競争回避と競争排除は1つの行為に同居する場合もあります。また，不公正な取引方法には，競争回避と競争排除に対する規定だけではなく，競争の公正さを維持するための規定もあります（第**5**章）。合併などに対する企業結合の規制は，市場を競争的な構造に保つためになされます（第**4**章）。

それら各規定それぞれの行為の説明は，第**2**章以降に譲ります。この章では，行為が違っても共通する部分の多い効果要件について，その考え方を説明します。

要　件
　ある法律を適用して使うためには，条文に書いてある必要な条件を満たさないといけません。その必「要」な条「件」を，法律用語で「要件」と言います。条文の文言そのままの場合もあるし，解釈によって条文の文言にはない要件が追加されたり，細かく分けられて複数の要件になったりします。要件が1つでも欠けていれば，その法律条文の適用はできません。

4　守備範囲の違い━━━━━━━━━━━━━━━━━━●

(1)　効果要件は程度に応じて2種類ある

　独占禁止法の役割は，公正かつ自由な競争が行われ，需要と供給が自動的に調節され価格と数量が決まるという市場の機能を維持することです。この市場の機能が，自動的にではなく人為的に，誰かの意思で価格や数量が左右されるようなことになれば，それは禁止すべきです。このような状態を，条文では「一定の取引分野における競争を実質的に制限する」と表現していて，私的独占（3条前段。定義は2条5項），不当な取引制限（3条後段。定義は2条6項）に効果要件として規定されています。合併等の企業結合の規制においても使われています（10条・13条〜16条）。ちなみに，「一定の取引分野」というのは，市場のことです。

　では，市場の価格や数量を左右するほどの効果がない場合は，違法とせず，自由にまかせてよいでしょうか？　市場における価格や数量を左右するほどではないけど，競争を減らしたり競争が行われにくいようにしてしまう効果がある場合（自由競争の減殺）とか，競争の手段としては不適切である場合（競争手段の不公正）とか，取引上の強い立場を濫用して通常ありえないような不利益を押しつけるような場合（自由競争基盤の侵害）には，市場に目立った悪影響（価格が上がったり，数量が減ったりといった効果）が出ていなくても，公正かつ自由な競争を阻害するおそれがあるので望ましくありません。このような状態を，条文では「公正な競争を阻害するおそれがある」と表現していて，不公正な取引方法（19条。定義は2条9項）に規定されています。

　競争に対する悪影響の程度の違いによって，どちらの効果要件に合致するかが決まります。そして，それによって，違反となる条文が異なります。簡略化して，3本柱の3つの禁止行為について，おおよその守備範囲を図で示します。

一定の取引分野における競争を実質的に制限（3条）			私的独占	不当な取引制限
公正な競争を阻害するおそれ（19条）			不公正な取引方法	
（反競争効果なし）				
	自由競争基盤の侵害	競争手段の不公正	自由競争の減殺	
	【競争の内容・手段が悪質】		【競争の量が減る】	

　「一定の取引分野における競争を実質的に制限する」というレベルの行為は，3条で禁止されています。「公正な競争を阻害するおそれがある」というレベルの行為は，19条で禁止されています。これら2つを区別しているのは，刑事罰（拘禁刑〔懲役〕または罰金）の対象になるか否かです。3条に違反した場合は，刑事罰を科せられる可能性があります（89条）。19条の場合は，刑事罰の規定はありません。

　19条の不公正な取引方法は，カバーする範囲が広いですね。実は19条で禁止される不公正な取引方法には，2条9項1号〜5号と，6号を受けて指定された一般指定（公正取引委員会の告示「不公正な取引方法」）1項〜15項をあわせて，合計20個の行為が含まれます（詳しくは，第5章参照）。「不公正」な取引方法というだけあって，ただ競争が激しくなればよい，というものではなく，公正さも求められます。競争の「量」が減ることだけではなく，競争の「質」が悪化することも問題とするため，違反とすべき行為の種類が多くなっています。

競争の「質」と「量」

　競争の程度を示す言葉には，活発・不活発，激化・沈静化，促進・制限，などの表現があります。競争の「量」が増える・減る，という表現は，一般的には使わないかもしれません。上記本文の説明では，競争の公正さを示すために，競争の「質」という表現を使ったので，競争を制限して不活発にすることを，競争の「量」を減らす，という表現を使いました。質と量は，しばしば対比してセットで使われますからね。競争が活発になる・不活発になる，よりも，競争が増える・減る，の方が視覚的にイメージしやすいと思って用いています。競争の「量」を減らす，ということを，ちゃんとした用語で書くときは，競争の「減殺(げんさい)」という用語を使います。

(2)　行為要件と効果要件の両方を見て判断

　形式と実質の両方から，違反とすべきか否かを見る，と説明しました。形式的には同じに見える行為であっても，実質つまり悪影響という効果が異なる場合があります。つまり，形の上で同じような行為，例えば，取引を拒絶する行為は，その効果に応じて，違反にならない場合もあれば，公正な競争を阻害するおそれがあるとして19条違反になる場合もあるし，一定の取引分野における競争を実質的に制限するとして3条違反になる場合もある，ということです。誰が，どのような状況で，どのように取引を拒絶したか等によって，競争に与える効果（悪影響）が異なるのです。

　ということは，実質的な評価をしなければ，独占禁止法に違反するか否かわからないし，適用される条文も定まらないということになります。具体的な事件ごとに，効果要件のどちらかを満たすか否かを判断しないといけません。とてもめんどうそうですね。そうはいっても，過去に蓄積された事例を見ながら，後の各章を読んでいただければ，考え方や着目すべきポイントがわかるようになると思います。

(3)　その他の規定

　3条と19条の禁止行為が，いわゆる3本柱として独占禁止法の基本となります。その違反行為の主体は「事業者」です。事業者が集まって団体を組織し，

事業者団体が行為主体となる場合は，8条1号から5号が適用されます。国際的な行為については，6条（および8条2号）に規定があります。適用される条文は異なりますが，基本は3条および19条と共通します。

　3条と19条とは別に，合併や株式取得などの企業結合の規制については，独占禁止法の第4章に規定されています ^{⇒105頁}（第**4**章）。

Column ❹　カルテル，トラスト，コンツェルン

　高校までの教科書では，カルテルと並んで，トラストやコンツェルンといったものが独占禁止法で規制される対象として説明されています。カルテルは，不当な取引制限の禁止する行為の典型です（第**3**章）。他方，トラストとコンツェルンは，現在の経済法・独占禁止法のテキストで解説するものはほとんどありません。高校の教科書でいうところのトラスト（企業合同）も，コンツェルン（企業連携）も，企業結合規制（第**4**章）に含まれます。高校の教科書で，この3つがお決まりの3類型として列挙され続けていることには，少し違和感を覚えます。

⇒24~43頁
⚠ 次の「3　競争に対する悪影響の考え方」と「4　独占禁止法に違反するとどうなるのか」は，独占禁止法で禁止する各行為に共通する考え方や知識を述べます。抽象的でおもしろくないかもしれません。もし，具体的にどんな行為が違反になるのか，を知りたければ，⇒45頁先に第**2**章以降を見て，必要に応じて戻ってきてもかまいません。

③　競争に対する悪影響の考え方

　効果要件というのは，競争に対する悪影響の程度がどのくらいか，について検討する要件でした。効果要件は程度に応じて2種類あります^{⇒21頁}（②・**4**参照）。この2つについて，それぞれ見ていきましょう。基本的な考え方は共通するので，この第**1**章でまとめて解説します。

1 「一定の取引分野における競争を実質的に制限する」とは●

(1) 市場支配力を形成・維持・強化すること

　大きく分けて，競争を制限する行為には，競争回避と競争排除があります。競争に対する悪影響も，カルテルのようにお互いの競争を避けるという競争回避の効果として生じる場合と，競争者などを市場から追い出して競争を弱める競争排除の効果として生じる場合があります。ただし，競争回避の効果と競争排除の効果は，1つの行為から同時に生じる場合もあります。

　前に説明したように，「一定の取引分野における競争を実質的に制限する」というのは，需要と供給が自動的に調節され価格と数量が決まるという市場の機能が，自動的にではなく人為的に，誰かの意思で価格や数量が左右される，という状態です（❷・**4**(1)参照）^{⇒21頁}。市場の価格や数量を人為的に左右することのできる力を，「市場支配力」と呼んでいます。価格を上げようと思えば上げられる，数量を減らそうと思えば減らせる，という意味で，市場をコントロール（支配）できる力という意味です。

　ただし，前に説明したように，競争を経て独占あるいは高い市場シェアを獲得するに至った事業者も，この市場支配力を結果として持ってしまっています（❷・**3**(2)参照）^{⇒19頁}。そこで，独占禁止法では，市場支配力が単に存在することや保有されていることではなく，競争を制限する行為によって市場支配力を「形成，維持，強化」することが違法なのだと評価することにしています。

> 一定の取引分野 ＝ 市場
>
> 市場の機能 ＝ 価格と数量を「自動的」に調節する ← 自由な競争による
> 　　　　　　　　　　　　　　↓
> 　　　　誰かが「その意思で，ある程度自由に」価格を上げ・数量を減らす
> 　　　　＝ 市場が支配された状態
>
> 見るべきポイント
> 　・価格が上げられそうか（価格が下がりそうだったのに妨げられたか）
> 　・数量が減らされそうか（数量が増えそうだったのに妨げられたか）
> 　・市場が機能した結果ではない（誰かの意思でそうなった）
> ※ただし，価格・数量ではない競争が制限される場合もある

　「形成」というのは，例えば，市場シェア10％程度の事業者は，単独では市場支配力といえるような力はありませんが，業界で集まって共同して行動すれば，価格を引き上げる力，つまり市場支配力を「形成」できます。本来はなかったはずの市場支配力が，人為的に「形成」されることは望ましくないので禁止します。

　「維持・強化」というのは，競争を通じて独占あるいは高い市場シェアを獲得し市場支配力を持つようになったが，いったんその地位を獲得すると，それを維持・強化しようとして，既存の競争者を追い出したり，新しい競争者が出てこないように防止したりするような行為です。もちろん，競争者に対して，真っ当な競争をして，その結果として，今の地位が維持されても，独占禁止法は違反としません。違反となるのは，例えば，新しい競争者の取引相手になりそうな事業者に，自己とだけ取引するように契約して，競争者が取引先を見つけられず，競争が起こるはずが起こらないようにする行為などです。

(2) 注目すべきは価格と数量

　「一定の取引分野における競争を実質的に制限する」というのは，需要と供給が自動的に調節され価格と数量が決まるという市場の機能が，自動的にではなく人為的に，誰かの意思で価格や数量が左右される，という状態です。問題

は，市場の機能をゆがめること，つまり，事業者がその意思で市場の価格や数量を左右してしまうことです。具体的な事件において見るべきところも，そこです。(a)市場の価格が上がるか，数量が減るかしていること。そして，それが，(b)市場が機能した結果ではなく誰かの行為によること。

　価格と数量は連動しているので，どちらか片方の動きがわかればよいです。価格が上がれば数量は減り，数量が減れば価格は上がります。そして，そのとき，社会全体の利益は減少します。このように理解すれば，価格と数量に着目するのが，「一定の取引分野における競争を実質的に制限する」か否か，すなわち，市場支配力を形成・維持・強化するか否か，を判断するのによいとわかりますね。

| **(3)　価格と数量の他にも見るべき要素** |

　価格と数量に着目して判断する，と説明しました。ただし，本当は，これは単純化された説明です。実際の市場の機能は，価格と数量だけを調節するものではなく，その他にも自由に競争され調節されている要素があります。例えば，品質，機能，信頼性，サービスなどです。売り手と買い手は，価格以外にも，いろいろな要素や条件を見て取引をするので，それらにも競争があります。判例による「一定の取引分野における競争を実質的に制限する」の定義は，「競争自体が減少して，特定の事業者または事業者集団がその意思で，ある程度自由に，**価格，品質，数量，**その他各般の条件を左右することによって，**市場を支配する**ことができる状態が現われているか，または少くとも現われようとする程度に至っている状態をいう」というものです[2]。「品質」「その他」が含まれていますね。価格と数量以外の要素や条件についても，競争がないよりは競争があった方がいいと考えます。

　ただ，価格と数量は連動しますが，それ以外の要素や条件は，必ずしも連動するとは限らないので，判断しにくい場合があります。例えば，あるメーカーが単独では発明できないような技術が，複数のメーカーが集まって共同研究開発することにより生み出され，それが標準規格になったとしましょう。その場

note
[2]　東宝スバル事件・東京高判昭和26年9月19日民集8巻5号967頁（百選4事件）。

合には，一方では規格に合わない商品については競争がなくなり，他方では，新しい商品が生み出され，その新しい市場で，規格に合った商品の競争が活発になり，生産量が増え価格が下がるかもしれません。品質の競争を制限するように見える行為が，効率性の改善や競争促進効果も持つこともありうるので，その場合にはこれらの効果もあわせて慎重に評価する必要があります。

Column ❺ デジタル・IT分野における市場と競争

　伝統的には，メーカーが製品を製造して販売する競争，それを仕入れて販売する競争，といったイメージで考えて分析してきました。しかし，デジタル経済が発展し，新しい競争が生まれ，それがどんどん重要になっています（❶・5(3)参照）。検索，通販，予約などのサイトを運営するデジタル・プラットフォーム事業者は，手数料や広告収入を稼ぐのだけが目的ではありません。データを収集し，分析し，新しいビジネスを生み出すことが重要なのです。だからこそ，スマホ用OSやアプリも無料で開発し提供して，より詳細な個人データを収集しようとしているのです。

　データの収集も，イノベーション競争の一貫であり，より便利な社会になるなら，肯定的にとらえるべきかもしれません。イノベーション競争も，独占禁止法で保護すべき競争で，過去には，イノベーション競争の意欲を削ぐような契約条項を違反とした事例もあります[3]。しかし，膨大な個人情報を収集し蓄積するデジタル・プラットフォーム事業者には，なんともいえないこわさがあるのも確かです。パッと思いつくようなわかりやすい市場の競争にだけ着目していると，まったく別のところで影響が出ているかもしれません。

　全貌はわかりませんが，イノベーション競争を阻害しないように配慮することは必要です。そして，個別の取引が公正でなければならないのは，これまでもこれからも同じです。とりあえず，政府は，このような方針で政策を立てているようです[4]。公正取引委員会も各種の実態調査を行っており，ガイドラインを策定しています。将来的には，追加で立法が必要になるかもしれません。

---

note
[3] マイクロソフト非係争条項事件・公取委勧告審決平成20年9月16日審決集55巻380頁（百選93事件）。
[4] 「特定デジタルプラットフォームの透明性及び公正性の向上に関する法律」（令和2年法律第38号）。

⑷ 市場シェア（市場占有率）は数量を左右する力の目安

　競争に悪影響が出そうな行為がなされたとして，その行為者（企業など）の規模や大きさは，違反となるかどうかについて，意味を持つでしょうか？

　規模とか大きさといっても，資本金額，従業員数，売上額，市場に占めるシェアや順位など，様々な指標があります。

　市場における価格や数量を左右する力（市場支配力）と関係が深いのは，市場におけるシェア（市場占有率）です。

　独占であれば，その市場の商品等のすべてを供給しており，市場シェア100％です。すべてを供給しているのであれば，自己の生産量を増減させることで市場全体の数量を左右することのできる力を持っています。そして，市場シェア100％でなくとも，市場シェア90％とか80％を有していれば，市場における数量の90％とか80％を供給しているのですから，市場における数量を左右できそうです。つまり，市場シェアは，市場における数量を左右する力を持ちそうか（もちろん，価格も連動して左右されます），を評価するための材料になります。

　ただし，市場シェアが大きければ，必ず違法となるわけではありません。市場シェアが大きくても，真っ当に競争していれば問題ありません。

　行為者の市場シェアの大きさ以外にも見るべき要素があります。他の競争者たちの状況や，商品の特性や，輸入の状況などです。これらの要素を組み合わせて，市場支配力（市場における価格や数量を左右する力）の形成・維持・強化が起こりそうかどうかを判断します。

POINT

市場シェア（市場占拠率）≒ 市場の数量を左右する能力
大きい市場シェア → 数量を減らす力 → 価格を引き上げる力
ただし，
競争者の追加生産や輸入の増加などで数量を増やせるなら，価格引上げを抑制
できる

⑸ 市場シェアの計算には市場画定

　市場シェアが大きいことは，それだけで違法と判断できるものではありませんが，数量を左右する力と近い指標なので，分析には役立ちます。

　市場シェアというのは，ある市場に占める供給量（数量または金額）の割合です（購入の場合もあります）。市場全体の供給量が，その割合を計算する分母です。

　では，例えば，自動車メーカーのスズキの市場シェアはどのくらいでしょうか？　軽自動車だけなら約30％，軽自動車と普通自動車を区別せず自動車全体で見るなら約3％だそうです。市場シェア30％と3％とでは，大きく違いますね。他にも例えば，サントリーは，税法上のビールだと約11％で第4位，範囲を広げて発泡酒や第3のビールを含めたビール系飲料だと約15％で第3位，逆に範囲を狭めて税法上のビールの中でもちょっと値段が高めのプレミアムビールだけで見ると約60％で第1位だそうです。さらに，例えば，ハーゲンダッツは，いわゆるアイスクリーム業界では約10％で第4位か5位ですが，乳脂肪分の多い高級アイスクリームに限定すると約80％で圧倒的な第1位です（以上の市場シェアは，いずれも2014〔平成26〕年頃の国内の数字です。最近は数字を公表してくれなくなりました）。

　どの範囲の商品を基に市場を決め，分母となる数値をどれにするかによって，計算されて出てくる市場シェアや順位が異なるのです。

　カップラーメンとカップうどんとカップ焼きそばは1つの市場だろうか，カップ麺と袋麺は1つのインスタント麺の市場だろうか。ペットボトルの緑茶とコーラは1つの市場だろうか，ペットボトルと缶と瓶と紙パックの飲料は1つの飲料市場になるだろうか。ドッグフードとキャットフードは別の市場だろうか，まとめて1つのペットフード市場になるだろうか。このように，市場の分かれ目がどこだかわからない例はたくさんあります。市場のとり方によって，市場シェアが大きく変わってくるのだからたいへんです。

市場の範囲
　＝　競争している範囲
　＝　取引の相手方から見て選択肢になる範囲（需要の代替性）
市場画定
　・商品の種類
　・地理的範囲
　・取引段階
画定された市場
　→　市場シェアの算出
　→　その市場における競争への影響を分析

　どの範囲の市場を基に市場シェアを計算するか，どの市場における競争の制限を分析するか，といった市場の選択をする作業を，市場画定といいます。

　市場は競争の場なので，競争している範囲を見れば，市場の範囲もわかります。お客さんをめぐる売り込みであれば，お客さんの目から見て選択肢にならなければ競争になりませんから，選択肢になりそうな売り手の範囲で競争していることになり，それが市場の範囲です。このようなお客さんの視点から市場の範囲を見ようとする方法を，「需要の代替性」から市場を画定する，などといいます。

　市場は，何を取引するか（商品市場），どこで取引されるか（地理的市場），製造か卸か小売か（取引段階）によって画定することが多いです。そうして画定された市場で，行為者の市場シェアが何％で第何位か，競争者はどれくらいいるか，競争者との市場シェアはどのくらい離れているか，といった情報を整理します。ただし，これら以外にも，商品の特質や，市場の状況，輸入品の有無などの情報も加えて，その市場の価格や数量に与える影響を分析します（詳しくは，第**4**章**3**・**2**参照）。
⇒116頁

市場画定

　市場「確定」でも間違いではないのですが，ある範囲の市場を切り出すイメージから，「画する」という意味で「画定」と書くことが多いです。

2 「公正な競争を阻害するおそれ」とは

　前に説明したように，効果要件には，「公正な競争を阻害するおそれがある」というレベルのものがあります（②・**4**(1)参照⇒21頁）。「公正競争阻害性」とも呼ばれます。これは，「阻害する『おそれ』」ですから，「一定の取引分野における競争を実質的に制限する」よりも，悪影響が低いレベルと位置づけられます。競争に悪影響はあるけれども，直ちに市場の価格や数量にまで影響が出るかどうかわからない，という程度の効果を対象にしていると思ってください。

　公正競争阻害性には３つの視点があります。

POINT

公正競争阻害性（＝公正な競争を阻害するおそれ）
　（a）　自由競争の減殺
　　　　　競争が減る → 市場支配力の形成・維持・強化へつながる
　（b）　競争手段の不公正
　　　　　やり方が汚い → そんな競争は不適切
　（c）　自由競争基盤の侵害（濫用）
　　　　　ありえない要求 → 社会的に許されない

(a)　自由競争の減殺

　競争の量が減る，というイメージです。自由競争の減殺の視点からの評価は，前の「一定の取引分野における競争を実質的に制限する」と同様の考え方で分析します（**1** 参照⇒25頁）。活発だった競争が弱められ価格競争が回避されて減少したという効果（競争回避）や，競争者が排除され競争が弱まったり，生じるはずだった競争が妨げられたといった効果（競争排除）を評価します。競争回避と

競争排除が，１つの行為に同居する場合もあります。それらの分析の結果が，市場の価格や数量を左右できる状況までには至らない程度なのですが，このまま放置するとそうなりそうだから，今のうちに禁止しておくべき，というレベルのものを問題にします。

(b) 競争手段の不公正

　お客さんを奪い合うのが競争だとはいっても，客を奪うやり方が汚い，といった，競争手段として是認できないという視点から評価します。例えば，客をだまして集めるとか，競争者を誹謗・中傷して評判を落として客を奪う，などといった手段の不公正さを問題にします。

(c) 自由競争基盤の侵害（濫用）

　取引相手との取引条件をめぐる交渉は自由です。しかし，取引相手の立場が弱く，自分が強い立場であるときに，足もとを見て，正常な取引では考えられないようなひどい条件を押しつける場合があります。例えば，何の合理的な根拠もないのに「金を出せ」とか，品物を「タダでよこせ」とか，「タダ働きしろ」とか，ヤクザのような要求が取引の場で行われることがあるようです。不利益を押しつけられた相手方は，しだいに疲弊していって，活発な競争をできなくなるかもしれません。このような「濫用」を禁止し，安心して取引できるようにします。

　公正競争阻害性の視点(a)は，競争が減って独占に近づくことは望ましくない，というもともとの考え方に沿ったものです。次の２つの視点(b)(c)は，競争の場を整え，「公正な」競争を維持しようとする考えによるものです。独占禁止法は，自由競争の質にも配慮しているのです。

自由競争基盤の侵害

　本文で出てきた「自由競争基盤の侵害」という言葉，難しくて，内容がすぐにはイメージできませんね。独占禁止法が守るのは市場における自由競争ですが，それは実際には，個々の事業者が自由に取引することの集まりです。個別の事業者が，それぞれ，1つの競争単位として，自律して合理的な判断で活動してくれないと，自由競争が維持できません。あたかも奴隷のような存在がたくさんいても，競争の主体として行動しないので，市場は機能しないのです。そこで，個別の事業者が自律して自由な事業活動をすることが，自由な競争の基盤である，と考え，通常ではありえないような不当な条件を押しつけて疲弊させる行為を，自由競争の基盤を侵害するものとして禁止しています。

Column ❻　タテとヨコ

　製造業者 M_1 が作った商品を，卸業者 W_1 が仕入れて，小売業者 R_1 に転売し，消費者が小売店 R_1 で購入する。このような商品が流通する取引（売買）の関係を「縦（タテ）の関係」または「垂直的な関係」といいます。同業者である $M_1 \sim M_3$ は競争関係にあり，「横（ヨコ）の関係」または「水

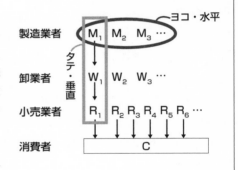

平的関係」ともいいます。ヨコの関係にある $M_1 \sim M_3$ が集まって何か交渉をしている場合，競争を制限しようとしているのではないか，との疑いを持たれやすいです。他方，タテの関係にある M_1 と W_1 が集まって交渉していても，価格その他の取引条件を交渉するまっとうな商売のことが多いでしょう。

　小売店 R_1 と R_2 の間にも競争関係があります。同じ M_1 製の商品を，消費者に売る競争をしています。このような競争を，同じ M_1 ブランドの商品を売る競争なので，「ブランド内競争」といいます。M_1 製の商品と M_2・M_3 製商品との間の競争は，「ブランド間競争」といいます。ブランド間競争を制限する場合の方が，市場全体の競争への悪影響が出やすくなります。

3 正当化には2種類ある

> (1) 競争は減らない，むしろ増える
> (2) 競争は減るが，もっと大事なものを守る

(1) 競争を促進する効果

形式的には競争を制限する可能性のある行為だけれども，実質的には競争を制限しない行為というのもあるのでしょうか？

効果要件は，違法とするに足りるだけの悪影響があるか，を実質的に判断するものでした。つまり，競争を制限する効果があるから，その程度に応じて違法となるのです。競争を制限する効果がない，あるいは，競争を促進する効果が顕著である，という場合には，効果要件を満たさないので，違反とはなりません。

例えば，共同研究開発によって新技術を産み出したり，共同で規格を標準化するとか，たくさん買ってくれたお客さんには特別のキャッシュバックをするとか，といった行為です。コストダウンや効率化があれば，それによって競争を活発に行えるようになります。したがって，そのような効果を，競争促進効果として考慮して効果要件を判断することがあります。

(2) 競争とは別の価値による例外扱いの可能性

消費者の安全を守るため，あるいは公害を防止するために，競争を制限する行為もあるかもしれません。例えば，危険あるいは有害な商品を販売しないように，販売店あるいはメーカー間で取り決めるような行為です。競争よりも，健康や安全の方が大事だ，という考えなので，(1)とは異なる思考方法です。この手のものをまとめて「社会公共目的の行為」（あるいは「公益目的の行為」）などと呼びます。

最高裁は，原則として競争を制限する行為は独占禁止法に違反するが，例外的に1条の究極目的に沿う場合には違反とならない場合がありうる，と述べて

います[5]。理論的には例外的なケースがある可能性を否定しませんが，実際に
それが認められることは，極めてまれです。健康，安全，環境などが対象にな
りうるのではないか，と議論されていますが，明確にはなっていません。

　競争よりも守るべき別の価値があるから競争の制限も正当化される，という
主張については，いろいろと理由をつけて，違反行為の隠れ蓑にされる場合も
あるので，簡単に正当化を認めるのは危険です。例えば，業界の「自主規制」
あるいは「自粛」と言えば，目先の利益ばかりを優先するのではなく，自主的
にお行儀のよい行動をとる，といったイメージを与えがちです。しかし，実際
には，競争を必要以上に制限したり，他により良い方法があったりして，その
業界にとっては良くても，社会にとっては良くない場合もあります。本当に守
らなければならない対象については，業界の自主規制にまかせるのではなく，
独占禁止法とは別の法律（経済規制法）で，競争を制限することも含めて規制
を作るべきです。

　条文のどの文言に基づいて，競争とは別の価値を考慮するのかは，適用する
条文によって異なります。しかし，いずれも1条の究極目的を考慮して，ごく
例外的な場合にのみ認められる余地が理論上はある，という考え方は同じです。

Column ❼　「公共の利益」論と「保護に値する競争」論

　本文で示した判例の考え方は，もともと，3条後段の不当な取引制限の成否に
ついて，「公共の利益に反して」（2条6項）いなければ違法とならない，という
ことから，「公共の利益」の解釈として論じられたものです。しかし，1条の究
極目的は独占禁止法全体にかかるものですから，他の条文の違反行為について
も同様に考えることができます。「公共の利益」という文言がなくても，19条・
2条9項の不公正な取引方法であれば，「不当に」あるいは「正当な理由がない
のに」などといった文言を根拠に，公正競争阻害性の判断において考慮しうる
ものと解されてきました。

　ただ，8条1号の事業者団体による競争の実質的制限については，3条と同様
の行為を禁止するのに，「公共の利益に反して」という文言がありません。そこ
で，苦心の解釈として出てきたのが，「保護に値する競争」論です。

　違法な競争行為は保護に値しないので，違法な競争を制限しても独占禁止法

---

note
[5]　石油価格協定刑事事件・最判昭和59年2月24日刑集38巻4号1287頁（百選5事件）。

違反とはしない，というのがその内容です。そこから，「競争を実質的に制限する」の「競争」とは「保護に値する競争」に限る，という解釈が生まれました。

しかし，そうすると，2条6項（および5項）の「公共の利益に反して」の文言が無意味になってしまいます。現在，この2つの関係は，うまく整理されていません。

ただ，いずれの文言によるにせよ，考え方は，おそらく一緒です。

4 独占禁止法に違反するとどうなるのか

⚠全体に共通する手続なので，この第1章で解説しますが，イメージしにくくてよくわからなければスキップして，先に第2章以降へ進んでもかまいません。

1 公正取引委員会は独自に動く ─────────────●

(1) 委員会は5人だが職員は800人以上

独占禁止法を使うのは，内閣府の下にある公正取引委員会という行政機関です（27条）。日本の行政のトップは内閣総理大臣で，行政機関に指揮命令をすることができますが，公正取引委員会に対してはできません（28条）。市場が健全に機能するよう守る，という仕事は，そのときどきの政権が交代しても，ぶれることなく行うべきだからです。内閣府の下にあるのに，内閣総理大臣が口出しできないなんて，ちょっと不思議ですね。専門機関として信頼し，まかせているのです。

公正取引委員会は，委員長1人と委員4人の合計5人で（29条），多数決により物事の決定をします（34条）。でも，たった5人では，日本全国に目を光らせることはできません。委員会の下に事務総局があり，800人以上の職員がいます（国家公務員の定員削減のなか，公正取引委員会の職員の数は増加しています。それだけ，独占禁止法の役割が重要になってきているということです。他に増加しているのは特許庁くらいです）。また，地方中核都市には，地方事務所が置かれてい

ます。実際の調査などは職員が行い，最終的な決定を委員会が行います。

⑵　排除措置命令で競争を回復させる

　違反行為があったとき，公正取引委員会は，行為者に対して，排除措置命令を出します（7 条・8 条の 2・17 条の 2・20 条）。違反行為をやめさせ，繰り返さないようにさせるための命令です。競争を回復させるため，命令の内容を必要に応じて臨機応変に決めることができます。命令なので，したがわなければ罰則で強制されます（90 条 3 号）。

　排除措置命令に不服な場合は，東京地方裁判所に抗告訴訟を提起することもできます（85 条）。

POINT

端緒（職権探知，申告，他省庁からの情報などのきっかけ）
　↓
審査（調査）
　↓──────▶排除措置計画（確約手続）
排除措置命令
　↓
抗告訴訟（東京地裁）

Column ❽　確約手続の導入

　審査によって独占禁止法上問題があるとされた場合に，その事業者が自主的に問題を是正することを公正取引委員会と約束する制度が導入されました。自主的に問題を解消するための排除措置計画を作成し，公正取引委員会から認定を受けることで，排除措置命令を回避することができます（48 条の 2 以下）。この制度を「確約手続」といいます。命令される前に事業者が自主的に是正措置をとるよう促すので，排除措置命令について訴訟で争われることが減り，すみやかに競争が回復されるようになると期待されています。TPP（環太平洋パートナーシップ協定）の実施のための法改正として成立し，TPP 11（環太平洋パートナーシップに関する包括的及び先進的な協定）の発効により施行されました（2018〔平成 30〕年 12 月 30 日）。

Column ❾　ガイドライン

公正取引委員会は，違反行為を未然に防いで市場における自由競争を維持するため，予防にも力を入れています。独占禁止法の条文だけではわかりにくい違反となる基準や，その基本となる考え方，過去の事例や仮想事例などをまとめたガイドラインを公表して，事業者らが自主的に違反となる行為を避けることができるようにしています。法令ではないので法的拘束力は持ちませんが，実務上，最も信頼性の高い判断基準を提示した文書になっており，多くのテキストが参照していますし，裁判所も判決を書く際には部分的に参考にしているように見えます。

「ガイドライン」というのは通称で，しばしば問題となる分野ごとに公表されている「○○に関する指針」とか，「○○に関する考え方」といった感じの長い名前の文書を，「○○ガイドライン」と呼んでいるのです。このテキストでも通称を用いますが，各章で最初に出てきたところに，脚注で正式名称を入れておきます。ガイドラインはすべて公正取引委員会のウェブサイトにありますので，必要に応じて参照してください。

TERM

審判と審決

かつて，排除措置命令に不服な場合は，公正取引委員会の手続として「審判」という制度で争うことができました。裁判所ではなく公正取引委員会の内部で，排除措置命令の当否について，裁判類似の手続で慎重に判断する制度でした。裁判と同様の形式で，争うことができました。そこで出される審判の決定を，「審決」といいました。『経済法判例・審決百選』があるように，過去の審決は判例と並んで重要な先例として参考にされています。

(3) 課徴金を徴収する

違反行為の一部については，課徴金を納付するよう命じられます（7条の2～7条の9・8条の3・20条の2～20条の6）。基本的には，課徴金の額は，違反行為の実行期間における売上額等（立入調査時から遡って最大10年前まで）の算定基礎に算定率をかけて算出されます。

課徴金額 ＝ 算定基礎 × 算定率

※不当な取引制限については，減免・加算制度による修正がある

課徴金の算定率

3条	不当な取引制限	10%	（中小規模の場合 4%）
	私的独占（支配）	10%	
	私的独占（排除）	6%	
19条	共同の供給拒絶 差別対価 不当廉売 再販売価格の拘束	3%	（10 年以内に繰り返した場合）
	優越的地位の濫用	1%	（継続してするもの）

　不当な取引制限と私的独占（支配）は，価格を制限するか，価格に影響する制限である場合に対象となります。共同の供給拒絶など4つの不公正な取引方法（2条9項1号～4号）は，10年以内に違反を繰り返した場合に対象となります。優越的地位の濫用（同項5号）は，継続して行った場合に対象になります。

　不当な取引制限の課徴金には減免制度（リニエンシー）がありますが，第3章の４で説明します。
⇒100頁

TERM

課徴金と罰金

　罰金は，犯罪に対して科される罰なので，刑事裁判を経て決定されます。罰金を科される違反行為者は，有罪判決を受けた犯罪者です。課徴金は，行政で納付を命じる金銭ですので，刑事裁判を経ていません。課徴金だけなら，違反行為者であっても犯罪者ではありません。したがって，課徴金も制裁としての機能がありますが，罰金とは法的性質が異なるものとされています。

2　犯罪として告発することもある

　独占禁止法には，刑事罰の規定（89条・95条・95条の2）があり，3条違反行為（私的独占・不当な取引制限）や，それに相当する事業者団体の行為（8条1号）などを処罰対象としています。有罪となれば，拘禁刑（懲役）や罰金など

の罰が科せられます。違反行為を行った人間だけでなく，会社やその代表者にも責任が問われる場合があります。違反を行った者（個人）には5年以下の拘禁刑（懲役）または500万円以下の罰金が，法人には5億円以下の罰金，法人の代表者には500万円以下の罰金が科せられます。

　刑事裁判をしなければならないので，公正取引委員会が検事総長に告発し，検察が起訴することになります（96条）。公正取引委員会の方針では，「悪質かつ重大」な事件については告発することになっています。公正取引委員会が告発しないと，検察も刑事事件として起訴できないので，公正取引委員会に「専属告発権」があるといいます。

　ただし，入札談合（第3章❶・1TERM参照）については，刑法96条の6にも規定があるため，検察が独自に起訴することもできます。公正取引委員会と検察は，刑事告発の円滑・適正を期するため，協議会を開き意見・情報交換をしていますので，それを通じて調整がなされているようです。独占禁止法は事業者の行為しか罰することができませんが，刑法96条の6は，談合に関与した政治家や公務員なども罰することができます。

⇒76頁

Column ❿　違反を思いとどまらせるのに必要な金額は？

　日本企業が，外国当局にカルテルで摘発される事例も増えています。2012（平成24）年の自動車部品の国際カルテルでは，米国で約4億7千万ドル（為替相場によりますが，円高だった当時のレートでも約360億円）の罰金を科せられました。日本の課徴金に比べると，欧米の罰金や制裁金の方が，柔軟に金額を決められ，最高額が高くなる傾向があります。ただ，日本の課徴金も徐々に強化されており，2023年3月には，約707億という課徴金納付命令がなされました[6]。

---

note

[6]「旧一般電気事業者らに対する排除措置命令及び課徴金納付命令等について」公取委報道発表資料（令和5年3月30日）。

3 被害者が裁判所に訴えることもできる─────●

(1) 違反行為をやめさせる差止請求

不公正な取引方法にあたる行為（19条・8条5号）については，差止請求訴訟を提起できる規定があります（24条）。公正取引委員会が事件として処理してくれればいいのですが，そうでない場合に，被害者が自ら裁判を提起して，違反行為をやめさせることができるよう，2001（平成13）年に導入された制度です。ただし，「著しい損害」がある場合に限られています。

その他の違反行為については差止請求の対象外になっていますが，それが合理的かどうかは疑問の余地があります。

(2) 損害を被ったなら賠償請求

公正取引委員会により処理され違反が確定した行為については，25条で損害賠償請求が可能です（26条）。この場合，違反行為者は過失がなくても損害賠償する責任（無過失損害賠償責任）があります。ただし，東京地裁に訴訟提起しなければなりません（85条の2）。

それとは別に，民法709条を使って，独占禁止法違反行為が不法行為であるとして損害賠償請求をすることも可能です。この場合は，「故意又は過失」を立証しなければなりません。上記(1)の差止請求と同時に損害賠償請求をする場合は，通常，こちらを使います（差止請求する場面というのは，公正取引委員会が動いて処理しておらず，被害者が自ら訴える状況ですので，26条により25条は使えないのです）。

Column ⓫ 損害を取り戻せない日本の消費者

日本の損害賠償制度は，自分の損害だけを取り戻すために訴訟を提起する制度です。例えば，自分1人の損害が1万円のとき，日本では訴訟を提起する費用を考えると，訴訟をしない方がマシです。しかし，被害者が10万人いるなら，損害額の合計は10億円あるのに，損害賠償請求されず，その額が違反行為者の手元に残されるのです。

米国には，クラスアクションという制度があって，被害者が自分の分だけで
なく他の被害者全員の損害をまとめて請求できます。上の例のように，1人あた
りの損害額が小さいけれども，広く損害が発生し，合計すると大きな金額にな
るとき，この制度が力を発揮します。米国には，さらに，3倍額損害賠償制度も
あり，実際の損害額の3倍まで請求できます。上の例が米国だったら，被害者
の誰かがまとめて30億円を請求し，訴訟に勝てば訴訟費用をそこから支払い，
残りを被害者に配分できます。和解によって，お金だけでなく，消費者に役立
つ活動を約束させたりすることもあります。米国の損害賠償制度は，公的機関
による執行と並んで，事業者に違反行為を思いとどまらせるのに役立っていま
す。

第 **2** 章

私的独占

　会社が大きくなったら独占禁止法違反になるの？

　市場シェアが大きければ独占禁止法違反になるの？

　「独占」禁止法という名前のせいか，そんな誤解がよくあります。会社の規模が大きくても，市場シェアが大きくても，それだけで違反になるわけではありません。

　ここでは，「私的独占の禁止」について解説します。どんな「独占」が違反になるのか見ていきましょう。

1　禁止すべき独占とは

1　良い競争・悪い競争————————————————————●

　独占禁止法1条の目的規定で，最初に出てきたのが「私的独占」の禁止でした（実際に禁止する条文は3条前段で，定義は2条5項にあります）。

　第1章で述べたように独占を禁止するといっても，1社で市場シェア100%の独占ならすべて禁止するというわけではないし，厳密に独占だけを禁止するのでもありませんでした。まともな競争の結果，競争者に勝ち，市場シェアが大きくなって100%になってしまったのなら，しかたのないことです。逆に，複数の行為者がいても（つまり「独り」でなくても），独占と同じような行為と悪影響があるなら，同じように規制すべきです。

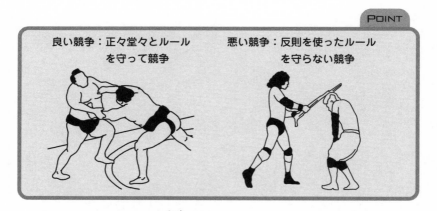

POINT

良い競争：正々堂々とルールを守って競争

悪い競争：反則を使ったルールを守らない競争

　「良い競争」は，ルールに則（のっと）ってライバルと闘うことです。スポーツでも，経済活動でも，競争に勝つことを禁止したら，参加する人の意欲がなくなりますよね。競争に勝って，その結果として競争者が敗退することを「悪い競争」ということはできません。ただし，ルールや規則に反しないように，正々堂々と競（きそ）い合った結果でなくてはなりません。

　経済活動においては，「より良い商品をより安く販売する」という競い合い

であれば，通常は問題となりません。そのような競争が市場を健全に機能させ，消費者の利益と社会全体の利益を最大化します。公正取引委員会も，「効率性の向上等の企業努力により低価格で良質な商品を提供したことによって，競争者の非効率的な事業活動の継続が困難になったとしても，これは独占禁止法が目的とする公正かつ自由な競争の結果であり，このような行為が排除行為に該当することはない」(排除型私的独占ガイドライン[1]・第2・1(1)) と述べています。

　最高裁も，競争者の排除が問題となる事例では，正常な競争により市場が機能した結果として競争者が淘汰されたのか，それとも，「正常な競争手段の範囲を逸脱するような人為性を有するもの」によって排除されたのか，に着目しています[2]。ここにいう「人為性」というのは，市場メカニズムが機能した (つまり「自動的に」調節された) 結果ではなく，市場メカニズムをゆがめる行為により (つまり「人為的に」) 結果を引き起こすことを意味します。

　それでは，私的独占の禁止とは，どのような行為でしょうか。まずは，典型的なイメージから見てみましょう。

TERM

「私的」独占

　私的独占の「私的」とはなんでしょうか。「私的」の対語は「公的」ですね。政策判断により，独占的な事業を認めている分野があります。近年は規制改革で競争が導入されていますが，たばこと塩の専売公社，電信・電話の電電公社，信書郵便の郵政省などが，公的独占でした。その他にも，電力や鉄道などのインフラについては，免許制などを用いて，事実上の独占を認めた上で，別の法律 (電気事業法など) で様々な規制をしてきた歴史があります。こういった分野については，独占していても法律で「公的」に認められた独占だから問題ない，ということを確認するため，独占禁止法で禁止する対象を「私的」独占としたのです。とはいえ，別の法律で認められた範囲を逸脱するような行為が，競争に悪影響を与える行為 (2条5項の要件を充足する行為) である場合には，私的独占になる可能性があります。

note
[1] 「排除型私的独占に係る独占禁止法上の指針」(平成21年10月28日)。
[2] NTT東日本事件・最判平成22年12月17日民集64巻8号2067頁 (百選7事件)，JASRAC事件・最判平成27年4月28日民集69巻3号518頁 (百選8事件)。

2 私的独占の2つの型

私的独占の典型的なイメージは，例えば，次のようなものです。

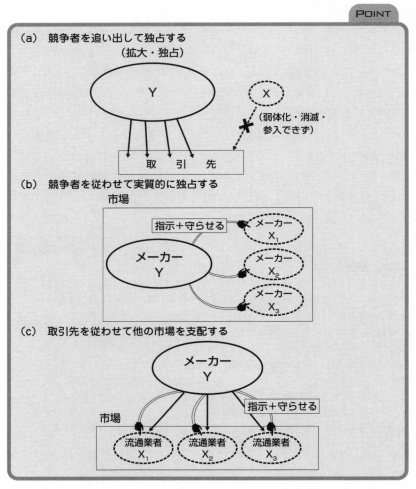

POINT

(a) 競争者を追い出して独占する
（拡大・独占）

Y

X

（弱体化・消滅・
参入できず）

取　引　先

(b) 競争者を従わせて実質的に独占する

市場

指示＋守らせる

メーカー
Y

メーカー
X₁

メーカー
X₂

メーカー
X₃

(c) 取引先を従わせて他の市場を支配する

メーカー
Y

指示＋守らせる

市場

流通業者
X₁

流通業者
X₂

流通業者
X₃

　典型的なイメージとして，(a)競争者を追い出して独占する，というものがあ
ります。例えば，競争者の取引先が取引をやめるよう仕向ける，という行為で
す。単に指示をするだけではなく，脅したり，利益で誘導したり，その他に働
きかけたり，いろいろな手段が考えられます。POINT の図の(a)では，行為者

Yが市場に存在する競争者Xを追い出すイメージを示しましたが，これから市場に新しく参入しようとする競争者を阻止することも，同じように考えられます。さらに，行為者自身の競争者ではなく，別の市場の事業者を追い出したり，参入を阻止したりすることもありえます。

次に，競争者が小さくて行為者Yの指示に従うので，追い出すのではなく，(b)競争者を従わせて実質的に独占する場合があります。競争者X₁らが残っているので厳密には「独り占め」という意味での独占ではないですが，X₁らはいわばYの子分のイメージで，実質的にはYが独占したのと同様に思い通りに市場を支配できます。

そして，(c)取引先を従わせて他の市場を支配する場合があります。行為者Yが，自分が属さない市場にまで支配力を及ぼす行為です。図の(c)では，取引先の市場を支配していますが，取引先でなくても他の市場を支配できるなら，同じように考えられます。

これら以外にも多数のパターンがありますが，ここではイメージしやすいものをピックアップしてみました。

私的独占の定義（2条5項）には，行為要件として「他の事業者の事業活動を排除し，又は支配することにより」と規定されています[3]。図の(a)が「排除」のイメージで，(b)と(c)が「支配」のイメージだと思ってください。排除による私的独占を「排除型私的独占」，支配による私的独占を「支配型私的独占」と呼びます（詳しくは，排除型については⇒51頁②，支配型については⇒67頁③で説明します）。

この2つの型は，私的独占の行為要件による違いで，いわば行為の外形による分類です。私的独占として違反になるのは，外形だけでなく実質（競争に与える悪影響）もある場合です。つまり，行為要件だけでなく，次の効果要件も充足することが必要です（⇒20頁第1章②・3参照）。

---

note
[3] 独占禁止法2条5項「……事業者が，単独に，又は他の事業者と結合し，若しくは通謀し，その他いかなる方法をもってするかを問わず，他の事業者の事業活動を排除し，又は支配することにより，公共の利益に反して，一定の取引分野における競争を実質的に制限することをいう。」

3　私的独占の位置づけ————————————————————●

(1)　効果要件

　私的独占が成立するためには，排除または支配によって，「一定の取引分野における競争を実質的に制限」（2条5項）することが必要です。通常は，自由競争を通じて市場が機能し，需要と供給が自動的に調節され価格と数量が決まりますが，「一定の取引分野における競争を実質的に制限する」というのは，競争が制限された結果，自動的にではなく人為的に，誰かの意思で価格や数量が左右される，という状態です。市場の価格や数量などを人為的に左右することのできる力，すなわち**市場支配力**を形成・維持・強化することを意味します
（第1章 3・1参照）。
⇒25頁

　市場支配力がない状態から競争者を排除して，一気に市場支配力を形成させることは容易ではなく，排除型私的独占の場合，通常は，すでに市場支配力がある状態で，それを維持したり，強化したりする方が，ありそうなシナリオです。このことから，排除型私的独占ガイドライン（第1）は，行為者の市場シェアが50％以上等の場合に，重点的に審査を行うと述べています。

　支配型私的独占の場合も，市場シェアが大きい方が，市場の価格や数量などに影響を与えるほどの大規模な支配が可能となるだろう，ということが考えられます。この場合は，支配下においた事業者の市場シェアも合算して，悪影響を見る必要があります。

(2)　不公正な取引方法との関係

　排除や支配と同様の外形の行為はあるけれども，その悪影響は市場の価格や数量などを左右するほどではない，という場合はどうでしょうか？

　市場支配力の形成・維持・強化には至らないのであれば，私的独占の効果要件を充足しないので，私的独占として違法とすることはできません。しかし，その場合でも，「公正な競争を阻害するおそれ」（2条9項）という程度に悪影響が生じている可能性があります。そうであるなら，19条で禁止される不公正な取引方法として違法になります。既に第1章 2・4で示した図ですが，守
⇒22頁

備範囲を確認してください。

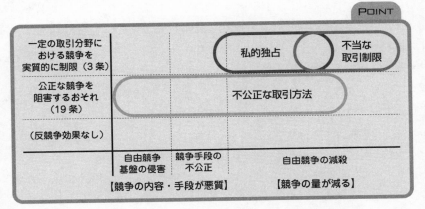

一定の取引分野における競争を実質的に制限（3条）		私的独占	不当な取引制限
公正な競争を阻害するおそれ（19条）		不公正な取引方法	
（反競争効果なし）			
	自由競争基盤の侵害	競争手段の不公正	自由競争の減殺
	【競争の内容・手段が悪質】		【競争の量が減る】

　私的独占の定義（2条5項）は，あまり詳しい規定ではありません。行為類型が細かく書き分けられている不公正な取引方法（第5章）を見て，どのような行為があるかを把握してから再度こちらに戻ると，私的独占の理解がより深まります（授業によっては不公正な取引方法を先に学ぶ場合もあります）。⇒143頁

　以下では，排除型私的独占ガイドラインでも取り上げられている典型的な行為と，支配型私的独占の典型的な事件を紹介しますが，ほとんどは，競争に与える悪影響の程度しだいで不公正な取引方法となる可能性があります。その意味では，第5章と内容が重複する部分があります。

 排除型私的独占

1　排除とは

　排除とは，競争者を市場から追い出したり，市場に入れなくしたりすることです。実際に，競争者を追い出したり，市場に入れなくしたりする事実を確認する必要はありません。問題の行為から，そうなるであろう，と考えることができればよいのです。

　事業者は，「より良い商品をより安く販売する」ことで競い合うのが，ある

べき競争です。品質の向上や，費用削減といった，効率性による競争は，正常な競争手段です。最高裁は，排除とは，「自らの市場支配力の形成，維持ないし強化という観点からみて正常な競争手段の範囲を逸脱するような人為性を有するもの」[4]であると述べています。ここにいう「人為性」というのは，市場メカニズムが機能した（つまり「自動的に」調節された）結果ではなく，市場メカニズムをゆがめる行為により（つまり「人為的に」）結果を引き起こすことを意味します。つまり，市場メカニズムを健全に機能させるための競争の結果として生じた排除，すなわち効率性による排除が生じたのであればしかたない，という考えも示しているのです。

　したがって，私的独占の行為要件としての「排除」とは，効率性によらない排除である，と考えられています。以下では，私的独占の「排除」を，「排除行為」と呼びます。

POINT

正常な競争手段	＝「より良いものをより安く」
	＝品質向上・費用削減
	＝効率性
排除行為とは	効率性によらず他の事業者を追い出すこと

　排除型私的独占ガイドラインは，費用割れの低価格販売，排他的取引，抱き合わせ，供給拒絶・差別的取扱い，の4つの行為を具体例として示しています。排除型私的独占ガイドラインと過去に違法とされた事例を使って，詳しく見ていきましょう。

Column ⓬　排除の方法

　競争者を排除する方法は，大きく分けると2つのタイプがある，と学説ではいわれています。自分の価格を下げるか，競争者の価格や費用を上げさせるか，です。

　1つめは，採算度外視の費用割れの低価格販売で，競争者の客を奪うことです。自らの企業努力によって値下げすること，つまり「より良い商品をより安く販

note ――●
[4]　NTT 東日本事件・最判平成 22 年 12 月 17 日民集 64 巻 8 号 2067 頁（百選 7 事件）。

売する」ことは，正常な競争手段です。しかし，競争者を追い出すために，採算度外視の費用割れで商品を販売し続け，客を奪って排除することは，正常な競争手段とはいえません。これを「略奪型」の排除行為といいます。ただ，外見上は価格競争を活発にしているのと同じに見えるので，慎重に基準を設けて規制しないと，かえって価格競争に悪影響が出るのではないか，という心配もあり，慎重な対応が必要になります。

　2つめは，自らが「より良い商品をより安く販売する」ことに注力するのではなく，競争者が「より良い商品をより安く販売する」ことを難しくすることです。例えば，競争者の取引先に対して，競争者と取引しないように要求します（⓵・**2**の図(a)参照）。その結果，競争者は，原材料の入手が困難になったり，販売ルートを確保できなくなったりして，製造や供給のための費用が増大します。すると，競争者は「より良い商品をより安く販売する」ことが難しくなり，競争圧力が弱まるのです。これを「競争者費用引上げ型」あるいは「ライバル費用引上げ型」の排除行為といいます。英語の「Raising Rivals' Costs」の頭文字をとって，「RRC 型」とも呼ばれます。

⇒48頁

2　費用割れの低価格販売

(1)　費用割れ販売の継続がもたらすもの

　採算度外視の費用割れ価格で販売されると，その競争者が対抗して値下げするにしても限度があり，客をごっそり奪われてしまいます。このような費用割れ価格で競争者を排除する行為を，「略奪的価格設定」と呼びます。費用割れ販売は，その商品を販売するために必要な費用を下回る価格での販売なので，売れば売るだけ損が増え，利益を考えれば商品の販売をやめてしまった方がいいはずなのに，販売を続ける行為です。

　どれだけ損に耐えて費用割れ販売を続けられるか，という競争は，利益を追求することが目的の事業者がとる正常な競争手段ではありません。「より良いものをより安く販売する」というのは，企業努力により，どれだけ商品の品質を向上させることができるか，どれだけ費用を削減して安く商品を生産・販売できるか，という競争です。費用割れ販売の継続は，費用削減を伴っていない

ので，このような正常な競争ではありません。最高裁も，不公正な取引方法の事件についてですが，「原価を著しく下回る対価で継続して商品又は役務(えきむ)の供給を行うことは，企業努力又は正常な競争過程を反映せず，競争事業者の事業活動を困難にさせるなど公正な競争秩序に悪影響を及ぼすおそれが多いとみられる」と述べています[5]。

　もしかしたら，「費用割れの価格で安く商品を買えることは，消費者にとっては良いことだ」と考える人がいるかもしれません。しかし，競争者を排除した後も，その低価格が続くとは限りません。競争者を排除した後は，それまでの赤字分を埋め合わせるために，従来より高い独占価格が設定されることになると考えるのが合理的です。しかも，もう競争者はいませんから，半永久的に独占価格が続くかもしれません。私的独占としての略奪的価格設定について心配されるのは，このような「埋め合わせ」のシナリオです。

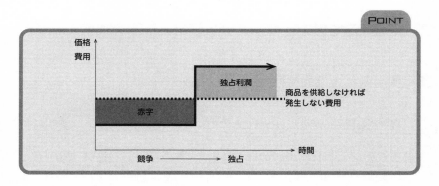

　ただし，私的独占は，一定の取引分野における競争を実質的に制限することを効果要件としていることから，このような「埋め合わせ」の蓋然性を判断するため，市場支配力の形成・維持・強化を立証する必要があります。

(2) 目安となる基準

　このような「埋め合わせ」のシナリオの可能性があるとしても，将来の予測にかかわることなので，確実に正確な評価を行うことは困難です。その時点で

note──
[5]　都営芝浦と畜場事件・最判平成元年 12 月 14 日民集 43 巻 12 号 2078 頁（百選 59 事件）。

費用割れの価格であっても，事業者の目から見れば合理的で正常な事業活動である場合も考えられます。実際，新製品の発売当初は，開発・製造費用を下回る価格であるのは当然で，ある程度の数が販売されることで収支がプラスに転じ利益が出るようになります。また，市場の変動によって価格が下落すれば，在庫を赤字覚悟の費用割れの価格で処分することも必要でしょう。

そもそも，「費用割れ」といっても，短期なのか長期なのか，その商品だけで見るのか事業者全体で見るのか，によっても変わってきます。そのような不明確な基準で費用割れ販売を禁止したら，事業者は値下げを躊躇し，競争が不活発になり，消費者の利益も社会全体の利益も減少してしまうかもしれません。消費者の利益を確保しようとする独占禁止法が，「より良い商品をより安く販売しよう」として値下げする事業者を躊躇させるようなことがあってはいけません。そこで，どのような場合が非難される費用割れ販売なのか，どのような場合に略奪的な価格設定が成立するのかを，あらかじめ明らかにしておく必要があります。

排除型私的独占ガイドライン（第2・2）では，「商品を供給しなければ発生しない費用を下回る対価設定」として解説してあります。そこでは，「商品を供給しなければ発生しない費用」すら回収できず損失を産み続ける価格設定は，自らの事業活動をも困難にさせることから，自らと同等またはそれ以上に効率的な事業者に対する排除行為となる可能性があるとされています。

ただし，この費用を下回った対価設定であっても，必ずしも私的独占になるとなるとは限りません。実務的には，不公正な取引方法（19条）の不当廉売（2条9項3号，一般指定6項）として問題にされる場合の方が多いと思われます。そもそも，「商品を供給しなければ発生しない費用」という基準は，不公正な取引方法の不当廉売の規制から生まれた基準です。ということで，この基準について詳しくは，⇒188頁第5章②・5で説明します。

┃ (3) 事 例 ┃

費用割れの低価格販売を伴う排除行為の事件として，有線ブロードネットワークス事件[6]があります。単に，費用割れの低価格だけで違反としたのではなく，その他の行為もあわせて，排除型私的独占と評価しています。

お店の BGM などに使われる業務用音楽配信サービスで約 68％の市場シェアを有する有線ブロードネットワークス社らが，競争者の顧客に限って差別的な低価格を提示したことが問題となりました。以前から，他社からの乗り換えについては，最低月額料金を低く設定し，また 3 か月間の無料サービス期間が設定されていましたが，さらに，競争者の事業活動を困難にして統合してしまおうとの考えから，最低月額料金を引き下げ，無料サービス期間を拡大するというキャンペーンが断続的に行われました。

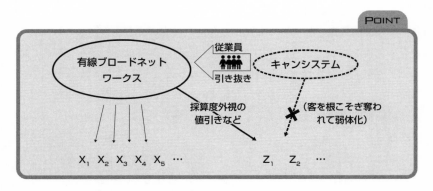

　業務用音楽配信サービスは 2 年契約であり，一度顧客を奪取されるとその間は競争者が顧客を奪い返すことは困難でした。実際に，キャンペーンによって，競争者の市場シェアは約 26％から 20％に低下しました。さらに，競争者排除のために従業員の引き抜きが行われたことが明らかになっています。そのような引き抜きのための費用は「商品を供給しなければ発生しない費用」の一部となります。

　公正取引委員会は明示的には費用割れを認定していないのですが，無料でのサービス提供は当然に費用割れですし，従業員引き抜きといった競争者を排除するためだけに必要とされる費用も含めて，費用割れ販売であることを前提として違法と判断したと考えられます。ただし，通常の費用割れ販売と異なり，標的となったキャンシステムの顧客のみを対象とした費用割れ販売でした。その目的は明らかですね。

note
⑥　公取委勧告審決平成 16 年 10 月 13 日審決集 51 巻 518 頁（百選 11 事件）。

この行為を放置しておけば競争者が排除されて独占になるだろう，と見て取ることができる事例だったので，「一定の取引分野における競争を実質的に制限する」と判断されました。

3　排他的取引

排他的取引のイメージとしては，競争者と取引せずに，自分とだけ取引するよう義務づける契約を思いつきます。その他，契約でなくとも，競争者との取引をさせない仕組みが含まれる行為であれば，排他的取引に含まれます。

仮に，事業者が，ある取引相手に対し，自己の競争者から商品の供給を受けないことを取引の条件としたとしましょう。もし，競争者らが別の取引相手を容易に見いだすことができるならば，価格と品質による競争で事業活動を継続することができ，市場は機能します。その場合，排他的取引があっても，そのことだけで直ちに私的独占の排除となるものではありません。そうではなく，競争者らが別の取引相手を容易に見いだすことができない場合には，事業活動を困難にさせ，競争に悪影響を及ぼす可能性が生じます。排除型私的独占ガイドライン（第2・3(1)）には，以上のような考え方が示されています。

実際の排他的取引は，契約内容も，名称も，多種多様です。以下では，過去の事例から，いくつか取り上げて紹介することにします。

(1)　全量購入契約

私的独占とされた排他的取引に，ノーディオン事件[7]があります。

日本は，放射性医薬品の原料として使用されるモリブデン99という物質を，すべて輸入に頼っています。世界中で，モリブデン99を製造できる事業者は限られており，なかでもカナダのノーディオンが製造数量の過半，販売数量の大部分を占めています。そして，日本国内において，モリブデン99を輸入して購入し，放射性医薬品を製造する事業者は2社のみでした。

note
[7]　公取委勧告審決平成10年9月3日審決集45巻148頁（百選88事件）。

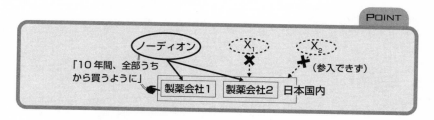

　ノーディオンがこれら国内2社との間で，10年間にわたり，2社が必要とするモリブデン99のすべてをノーディオンから購入するという契約を締結しました。このことが，ノーディオン以外のモリブデン99の製造・販売業者の事業活動を排除するとされ，私的独占として違反になりました。ノーディオン以外の製造・販売業者は，現在の日本国内の購入者である2社以外の買い手を見つけることは困難であり，日本市場では販売できないと見込まれます。そして，ノーディオンは，10年間，日本市場を確実に独占することになります。

(2) 排他的リベート

　排他的取引は，明示して自己のみとの取引を求める場合に限りません。すべて自分から購入すると値引きを与える，購入量に占める割合が大きくなるほど大きなリベート（割戻金）を与える，といった契約が，排他的行為となる場合があります。これは排他的リベートと呼ばれます。

　リベートは事後的な「値引き」と同視できるので，「より良い商品をより安く販売する」手段の1つのはずです。私たちがキャッシュバックやポイントを考えて商品やサービスを選ぶように，事業者もリベートを考えて商品やサービス，取引相手を選ぶのです。したがって，リベートそれ自体を違法とすることはできません。そういった意味では，**2** の低価格販売と同様に，慎重な分析と⇒53頁判断が必要です。ただ，リベートの内容によっては，単なる値引きではなく，排他的取引の手段として機能することがあります。

　インテル事件[8]では，国内パソコンメーカー向けCPUの製造・販売で89%を占めるインテル社が，国内パソコンメーカー5社に対して，インテル社製

note
[8]　公取委勧告審決平成17年4月13日審決集52巻341頁（百選12事件）。

CPU の搭載率を一定の割合以上に上昇させることを条件にリベートを提供しました。相手によって異なりますが，90％とか100％をインテルの CPU にすることがリベートの条件でした。

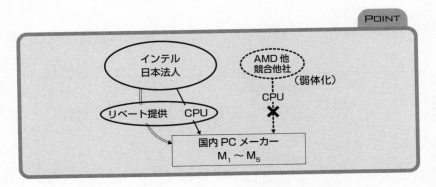

この行為が，競合する CPU 製造業者の事業活動を排除すると判断され，私的独占として違法とされました。競合する CPU 製造業者の市場シェアの合計は，2002（平成14）年には約24％でしたが，インテルの排他的リベートによって2003（平成15）年に約11％にまで落ち込みました。このまま続けば，本当にインテルの独占になったかもしれません。

(3) 著作権使用料の包括徴収

　多くの音楽著作権について管理の委託を受けている日本音楽著作権協会（JASRAC）が，放送事業者に対して，それぞれに設定された定額で使い放題の

サービスを提供したこと（包括徴収制度）が，競合する音楽著作権管理事業者の事業活動を排除するとして，私的独占として違反になった事例があります[9]。もともと，JASRAC は音楽著作権管理事業を独占していましたが，法改正により新規参入が認められるようになりました。ところが，JASRAC がその新規参入者を排除した，という事例です。

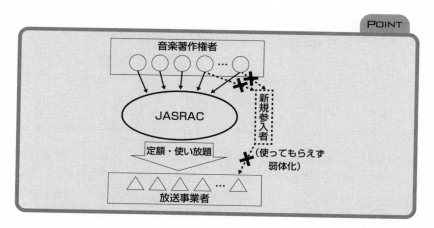

多くの楽曲を利用する放送事業者にとっては，より多くの楽曲を管理する者と取引を行うことが経済的にみて合理的です。JASRAC の包括徴収制度を利用するテレビ局等は，どうしても利用せざるをえない楽曲以外は，できるだけ使い放題で追加費用のかからない楽曲を選んで利用するでしょう。言い方を変えると，包括徴収制度は，できるだけ新規参入者（競争者）の楽曲を使わせなくする，という効果を持つ契約でした。そういった意味で，排他的行為になります。

定額料金で使い放題のサービス（例えば，ランチバイキングとか，ネットの常時接続など）は，実際に契約獲得のための競争手段として用いられています。それ自体が悪影響を持つわけではありません。誰が，どのような状況で定額使い放題を用いたか，によって，競争に与える影響は異なります。

多くの音楽を管理する管理事業者と，多くの放送事業者がライセンス契約を

note
⑨ JASRAC 事件・最判平成 27 年 4 月 28 日民集 69 巻 3 号 518 頁（百選 8 事件）。

結ぼうとする。そして，多くの放送事業者とライセンス契約を締結した管理事業者に，多くの著作権者は音楽の管理を委託しようとする。このような循環（正のフィードバック効果）が存在する市場でした。この3者にとっては問題なくても，競争者である新規参入者にとっては大きなカベ（障壁）になります。既に多くの楽曲を管理している JASRAC が包括徴収制度を用いると，新規参入者を排除し独占を維持することになる，ということが明らかになった事例です。

4 抱き合わせ

排除行為には，抱き合わせによるものがあります（排除型私的独占ガイドライン・第2・4）。

私的独占ではなく不公正な取引方法の事件ですが，日本マイクロソフト事件[10]が参考になります。パソコンの OS である Windows95 が発売され，一般家庭にパソコンが普及しはじめた頃の事件です。当時，ワープロソフトの「ワード」は，まだ日本語対応が始まったばかりで，性能も機能も知名度も他社のワープロソフト「一太郎」に劣っていました。

他方，マイクロソフト社の表計算ソフトの「エクセル」は既に人気が高く，市場シェア1位でした。このような状況で，マイクロソフト社がパソコンメーカーに対して，「エクセル」をプリインストールするなら「ワード」も一緒にプリインストールするよう要求しました。その結果，ワープロソフト市場おいても「ワード」の市場シェアが1位になり，現在に至っています。

---

note
[10] 公取委勧告審決平成10年12月14日審決集45巻153頁（百選63・98事件）。

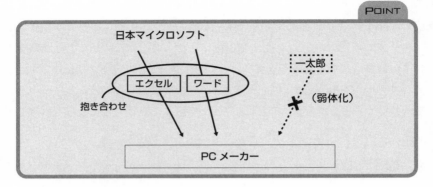

　既にあった表計算ソフト市場における市場支配力を利用して，ワープロソフト市場における競争者を排除して，新たにワープロソフト市場においても市場支配力を獲得したのです。「ワード」の価格と品質によって競争して市場シェアを拡大したものではなく，効率性による排除ではありません。本件は，私的独占ではなく不公正な取引方法の事件でしたが（第**5**章②・**6**参照），ワープロ⇒198頁ソフト市場が画定され，一定の取引分野における競争の実質的制限が認定されれば，排除型私的独占として違法とすることもできたのではないか，と考えられる事件です。

5　供給拒絶・差別的取扱い────────────────●

▌(1)　単独の取引拒絶・取引条件の差別▐

　排除行為には，供給拒絶・差別的取扱いもあります（排除型私的独占ガイドライン・第2・5)。拒絶は，差別的取扱いの一種と考えられるので，まとめられています。つまり，他の相手方とは取引するのに，特定の相手方とは取引しない，という差別だということです。ただし，差別といっても，人権問題になるような差別ではなく，異なった取扱いをする，という意味合いに過ぎません。

　誰と取引をするか，どんな取引をするかは，原則として，それぞれの自由です。われわれ消費者も，すべてのお店と取引しなければならない，ということはありませんね。価格や品質などを比べて，最も条件の良いお店で購入し，その他のお店との取引は拒絶します。

他方で，事業者が市場で競争するために，どうしても必要となる技術や設備を有する者がいる場合に，その者による取引の拒絶や取引条件の差別が，例外的に，排除行為として問題になることがあります。

　例えば，NTT東日本は，東日本全体で80％以上，大都市部に限定すると90％以上の光ファイバー回線を持っています。これらの設備は国民生活に重要なインフラなので，以前から積極的に投資して敷設しています。光ファイバーをユーザーまで接続するには，電柱や道路の下の管路が必要です。他の通信業者が独自にこれらのインフラを用意して光ファイバーを敷設することは，現実的に不可能です。そこで，光ファイバー設備については，他の競争者に無差別の条件で貸し出しを義務づける制度になっています[11]。その際の貸し出しの条件は，NTT東日本の内部での貸し出しと同条件でなければなりません。ところが，NTT東日本が，自己のユーザーに対するサービス料金よりも，同じ設備を他の競争者に貸し出す料金を高く設定しました。

POINT

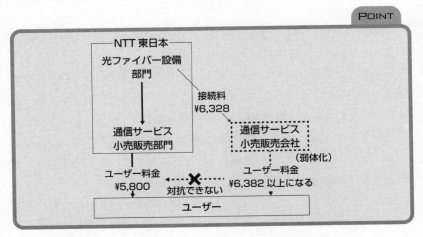

　上のPOINTの図では，イメージしやすいように単純化しています。NTT東日本がユーザーに5800円でサービスを提供しているとします。他方，同じ設備を競争者に貸し出すときの料金が6328円に設定されています。これでは，競争者は，ユーザーに対してサービスを提供するときに，どれだけ努力しても，

note
[11]　電気通信事業法32条・33条。

NTT 東日本より高い価格になってしまいます。競争者はユーザーを獲得できる見込みがないので，設備の貸し出しを受けることもありません。つまり，NTT 東日本からすれば，実質的には設備の貸し出しを拒絶しているのと同じ，ということです。

このように，設備市場（上流市場）における実質的な取引拒絶がなされると，サービス市場（下流市場）における競争者が排除されます。このような料金設定は，電気通信事業法に違反し，独占禁止法にも違反します[12]。光ファイバー通信サービス市場において，競争者を排除し，市場における競争を実質的に制限した，ということで私的独占とされました。

▌(2) 共同の取引拒絶 ▌

取引の拒絶が，競争者と共同して行われることもあります。共同の取引拒絶は，単独による場合よりも，市場における競争に悪影響が生じやすい行為です。共同の取引拒絶が私的独占の排除行為とされた事例として，ぱちんこ機製造特許プール事件[13]があります（パチンコは，法令上は「ぱちんこ」とひらがなで表記されます）。

ぱちんこ機には多数の技術が盛り込まれ，その製造には特許などの多数の知的財産権が必要です。各メーカーはそれぞれ知的財産権を持っていますが，自分の持っている知的財産権だけでなく，他の競争メーカーの持っている知的財産権も使用させてもらわないと，ぱちんこ機は作れません。そこで，ぱちんこ機メーカー 10 社が，お互いの知的財産権を相互にライセンス（使用許諾）するために，共同で管理会社を設立しました。特許プール（あるいはパテントプール）と呼ばれるもので，ここに行けば，どのメーカーの知的財産権でも，適切な使用料で使うことできます。特許プールは，メーカーが製品を製造しやすくなるため，競争を促進する効果があり，それ自体は独占禁止法に反するものではありません（第 **3** 章 ② ・ **3** (1)参照）。
⇒93頁

さて，この事件では，ぱちんこ機のメーカーが共同して，特許プールの管理会社に対して，これから新たにぱちんこ機を製造販売しようとする者に対して

---

note ━━━●

[12]　NTT 東日本事件・最判平成 22 年 12 月 17 日民集 64 巻 8 号 2067 頁（百選 7・133 事件）。

[13]　公取委勧告審決平成 9 年 8 月 6 日審決集 44 巻 238 頁（百選 10 事件）。

は，ライセンスを拒否するようにさせていました。既存のメーカー間ではライセンスするのに，外部の新規のメーカーにはライセンスしないことで，ぱちんこ機を製造できないようにして，新規参入を阻止して排除していたのです。

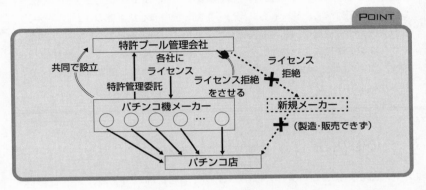

新しくぱちんこ機を製造しようとする事業者は，既存のメーカーから知的財産権のライセンスを受けなければ，ぱちんこ機を製造することは不可能でした。

特許権など知的財産権は，技術を排他的に利用できる権利ですが，知的財産権制度の趣旨・目的を逸脱した利用まで認めるものではありません。本件は，発明の保護のためではなく，ぱちんこ機製造業界の既存の事業者が集まり，共同して，新規参入を阻止をして，競争が活発にならないようにするための行為でした。

共同の取引拒絶は，不当な取引制限（第3章2・2参照）が適用される可能性⇒90頁もありますし，不公正な取引方法（第5章2・3参照）とされる場合もあります。⇒176頁

Column ⓭　特許と独占

　特許権は，対象となる技術を独占的に使用する権利です。誰にも使わせずに自分だけがその技術を独占して使用してもいいし，他の誰かに使用を許諾して使用料をもらうこともできます。自己が保有する特許権の使用を拒絶しても，通常は独占禁止法に違反するものではありません。

　このような知的財産権と独占禁止法の適用関係は，独占禁止法21条の適用除外規定をめぐって議論されます。特定の技術を独占する権利があっても，市場を独占する権利があるわけではありません。制度の趣旨・目的に沿った利用が「権利の行使と認められる行為」であり，独占禁止法の適用を除外されます。そ

うでない利用により，市場の競争に悪影響を与える場合については，独占禁止法の適用は除外されず，違反とされる可能性があります。

　特許法は，「発明の保護及び利用を図ることにより，発明を奨励し，もつて産業の発達に寄与することを目的」としています（特許法1条）。自己の特許権についてだけではなく，競争者と共同して拒絶し競争者を排除することは，発明の保護のためではなく，利用を図るためでもなく，新規参入者を排除する目的です。発明の奨励にも，産業の発達にも寄与しません。このような特許権の利用は，制度の趣旨・目的に反するので，独占禁止法の適用を躊躇<ruby>躇<rt>ちゅうちょ</rt></ruby>することはありません。

6　その他の排除行為

　排除型私的独占ガイドラインに示される典型的行為以外にも，排除行為はありえます。例えば，次のような事例があります[14]。

　北海道で大きな市場シェアを占める新聞社が，新たに函館で新聞が発行される計画があるとの情報を察知して，発行を妨害するために様々な行為をしました。①新しい新聞が使いそうな題字（新聞名）を先回りして商標登録する，②時事通信社に働きかけて新しい新聞にニュースを配信（提供）しないようにする，③割引料金を提示することで新しい新聞が広告主を見つけることを困難にする，④テレビ局が新しい新聞のCM放送を行わないようにする，などです。

　行為ひとつひとつをバラバラに見ると，競争者を排除するのに十分か明らかではありませんが，一連の行為が一体となると，競争者を排除するのに十分な効果を持ちます。このような場合には，行為者がどのような目的を持っていたのかなどを考えて，一連の行為を一体として，排除行為と認定するのが適切です。

　行為者は妨害することが目的なので，あの手この手と手段を選ばずなんでも行います。典型的な排除行為の類型に該当するかよくわからない行為もあるでしょうが，分類できないから禁止できない，では困りますね。排除型私的独占ガイドラインが，「その他」という多様な行為を含みうる考えを示しているの

note

[14]　北海道新聞事件・公取委同意審決平成12年2月28日審決集46巻144頁。

は，そういった意味で適切なのです。

③ 支配型私的独占

1 支配とは

　他の事業者の事業活動を「支配」する私的独占は，支配型私的独占と呼ばれます。そして，私的独占として「支配」する行為は，「支配行為」と呼ばれます。

　「支配」の意味については，「原則としてなんらかの意味において他の事業者に制約を加えその事業活動における自由なる決定を奪うこと」をいう，と述べた判決があります[15]。①競争者を自分の意思に従わせている場合も，②取引の相手方を自分の意思に従わせている場合もあります。さらには，③競争者でも取引相手でもない他の事業者に指示して自分の意思に従わせている場合もあります。

　①の競争者に対する支配は，競争者と同じ行動をとることになるので，カルテル（不当な取引制限。第3章）にも該当する可能性があります。要件を充足するのであれば，どちらを適用しても間違いではありません。より適切な方を選ぶことになります。

　②の取引相手に対する支配は，不公正な取引方法（第5章）の再販売価格維持や拘束条件付取引といった行為とよく似た外形の行為になります。競争に与える悪影響の程度の違いで，私的独占か，不公正な取引方法か，が決まります（①・3②参照）。
⇒50頁
不公正な取引方法の「拘束」があれば，私的独占の「支配」の認定が容易になります。不公正な取引方法の「拘束」は取引の条件としてなされる行為ですが（第5章②・1(1)参照），私的独占の「支配」の概念はもっと広
⇒157頁
くて，株式保有や役員兼任による支配などもあります。②取引相手だけでなく，①競争者に対する支配もあり，③どちらでもない事業者に対する支配もあるの

note
[15] 野田醤油事件・東京高判昭和32年12月25日審決集9巻57頁。

で，「支配」の方が概念的に広いのは当然ですね。

　ただ，「支配」という言葉の語感からすると，単に働きかけただけではなく，何らかの具体的な強制が必要な印象を与えます。「支配」を認定するために，相手方の価格設定など事業活動について具体的な介入が必要かどうか，については議論があり，価格の引上げを求めたり生産をやめさせるといった具体的介入が必要という考え方もあります。他方で，ある会社が他の会社の株式を所有していて，いざとなれば自分の意思に従わせることができる，株式を所有されている側は，そのことを気にして経営を行っている，このような状況にあれば，支配が成立するという考え方もあります。

　公正取引委員会による過去の事例は，後者の立場をとっています （**2**(**1**)参照）^{⇒69頁}。指示してそのとおりに行動させていた事実から「支配」を認定することができますし，支配の対象となった事業者が進んで協力していた場合でも，「支配」の認定が可能と考えられています[16]。

　以下では，具体的な事例を通じて，支配型私的独占を紹介します。ただ，過去の実際の事件では，支配行為だけで私的独占となった事例は数が少なく，支配行為とともに排除行為も認定された事件が多くありますので，これらの中から支配型私的独占の典型がよく表れている事例を紹介します。

2 事　例

(1)　競争者に対する支配

　缶詰は，製缶業者が缶を製造し，食品会社が缶を購入して，内容物を詰めて封をすることで缶詰という商品になります。日本の製缶業で市場シェア約56％を占める東洋製罐が，他の製缶業者4社の株式を所有しており，この4社の市場シェアを加えると合計約74％でした。東洋製罐は，3社については50％以上の株式を保有し，残りの1社である北海製罐に対しては約29％の株式を保有していました。

　東洋製罐は，北海製罐に対して，北海道から本州に進出して競合することの

note
[16]　福井県経済農業協同組合連合会事件・公取委排除措置命令平成27年1月16日審決集11巻142頁（百選17事件）。

ないようにさせ，その後，本州への進出を認めるに際しては役員兼任により代表取締役を派遣することで支配を強化し，自社および3社と競合しないようにさせました。

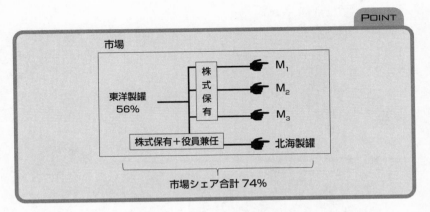

一見，北海製罐に対してだけ具体的な支配行為があるようにも見えるのですが，公正取引委員会は，他の3社を含む4社に対して「株式の所有等を通じ，これら4社を自己の意向に従って営業させて」いるとして，支配行為を認定しました[17]（この事件では，排除行為もありましたが，ここでは省略します）。

合計で市場の74％を供給する競争者間で価格競争が起きないようにしていたのですから，市場における価格を支配しており，一定の取引分野における競争を実質的に制限したといえます。

ただ，具体的な排除措置命令（第1章4・1(2)参照）_{⇒38頁}としては，北海製罐の経営への不干渉と一定数以上の株式の処分を命じただけで，他の3社については特段の措置を命じていません。

(2) 取引先に対する支配

東京都は，都立病院で使用するベッドを入札により購入しています。医療用のベッドには，いろいろな機能が搭載されています（それらに必要な技術には，各メーカーが特許など知的財産権を持っています）。どの機能が搭載されるかで価格

note ────────────────────────────
[17] 東洋製罐事件・公取委勧告審決昭和47年9月18日審決集19巻87頁（百選16事件）。

も変わってきますから，購入する側は，どの機能が必要かを考えて購入します。東京都の入札では，どのような機能が搭載されているベッドを購入するか，という条件を示した仕様書を作成し，仕様書に合致するベッドを対象に入札を行います。

　メーカーのパラマウントベッド社は，まず，①入札を担当する東京都の職員を誘導して，自分の製造するベッドだけが参加できるような仕様書での入札を実施させました。これが排除行為として認定されています。その上で，②入札に参加する販売業者に対して，受注予定者を指示し，その他の販売業者にはこれに協力するよう指示しました。これが支配行為として認定されました[18]。

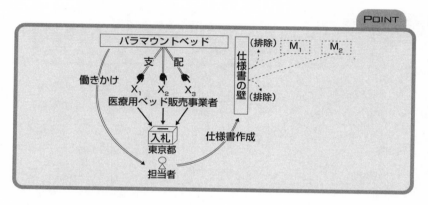

　販売業者間で合意して談合したのであれば，不当な取引制限（3条後段）となる可能性もありますが，違反行為の主体であるパラマウントベッドが入札参加者である販売業者を支配して，受注（落札）予定者と受注価格を決めて指示したので，支配行為による私的独占とされました。入札談合（第3章 ❶・❶ ⇒76頁 **TERM** 参照）と同じように，市場における価格を支配しており，一定の取引分野における競争を実質的に制限しているといえます。

　この事件当時，私的独占には課徴金制度はありませんでしたが，この事件がきっかけとなって，2005（平成17）年，支配型私的独占に対する課徴金制度が導入されました。

note

[18] パラマウントベッド事件・公取委勧告審決平成10年3月31日審決集44巻362頁（百選15事件）。

4 課徴金

私的独占には，排除措置命令，課徴金，刑事罰，損害賠償請求といったエンフォースメント（法執行）が用意されています（第1章④参照）。^{⇒37頁}

課徴金は，支配行為と排除行為で異なるので，簡単に説明しておきます。

POINT

> **支配型私的独占**
>   課徴金額 ＝（算定基礎 × 10% ＋ 談合金等）× 加算率
>   ・対価に係るもの，対価に影響することとなるもの
>   ・算定基礎に密接関連業務の取引額を含む
>
> **排除型私的独占**
>   課徴金額 ＝（算定基礎 × 6%）
>   ・支配型で課徴金を課す場合には，こちらの課徴金は課さない

⚠通常の知識としては，以上で十分であり，以下はスキップしてかまいません。

(1) 支配型私的独占

支配型私的独占は，①対価に係るもの，または，②供給量，市場占有率，取引の相手方を実質的に制限することによりその対価に影響することとなるもの，である場合に課徴金の対象となり，算定率は10%です（7条の9第1項）。

算定基礎は，違反行為の対象となった市場（一定の取引分野）における実行期間の売上額です。その市場における完全子会社の売上額，および，その市場で供給する子会社に違反行為者が供給した売上額があるなら，それらも合算します（同項1号）。

違反行為に密接に関連する業務がある場合には，その取引額も算定基礎に含まれます（同項2号）。

商品やサービスの売買がなくても，手数料や報酬などの名目で違反行為による利益を直接受け取っていた場合には，算定率を乗じることなく，その全額が

課徴金の対象となります（同項3号）。例えば，$\overset{\Rightarrow 70頁}{3}$・**2**(2)のパラマウントベッド事件を例にするなら，落札予定者になり実際に落札した販売業者 X_1 が，お礼の金銭を，支配行為により調整してくれたパラマウントベッドに渡すような場合を想定しています。過去の事例から説明しやすいように上の **POINT** の式では「談合金等」と書きましたが，談合でなくてもかまいません。

支配型私的独占の課徴金を 10 年以内に繰り返し課された場合には，1.5 倍に加算されます（同条3項が準用する7条の3第1項）。

支配行為により談合と同様の行為を取引先にさせる行為を想定して導入された制度なので，不当な取引制限と類似の考え方になっています（第**3**章**4**(2)も$\overset{\Rightarrow 101頁}{}$参考にしてください）。もちろん，談合に類似するものでなくとも，①対価に係るもの，または，②供給量，市場占有率，取引の相手方を実質的に制限することによりその対価に影響することとなるもの，である場合には，課徴金の対象とできる制度になっています。ただし，リニエンシー（減免）制度は準用されていません。

┃ (2) 排除型私的独占 ┃

排除型私的独占は，対価への影響などを考慮することなく，算定率6％で課徴金が課せられます（7条の9第2項）。ただし，同一行為で，支配型私的独占の課徴金の対象となった場合には，排除型の課徴金は課されません（同項括弧書）。算定基礎は，支配型私的独占の場合と同様で，違反行為の対象となった市場（一定の取引分野）における実行期間の売上額です。その市場における完全子会社の売上額，および，その市場で供給する子会社に違反行為者が供給した売上額がある場合は，それらも合算します。

第3章

不当な取引制限・事業者団体

　会社はほかの会社と一緒に何かのプロジェクトを行うことがあります。中には，競争を活発にするものもあれば，競争を不活発にしてしまうものもあるでしょう。どのようなものであれ，複数の会社が集まれば，単独では持たなかった力を持つので，競争に対する危険が生じやすくなることに注意が必要です。

　では，なにをしてはいけないのでしょうか。何をするのは許されるのでしょうか。

　ここでは，「不当な取引制限」と「事業者団体」の活動規制について解説します。複数の会社が集まったときに，独禁法違反となる行為，違反とならない行為を見ていきましょう。

1 カルテル

1 典型的なカルテルの特徴━━━━━━━━━━━━━━━━━━━━●

地方のちょっと人口が少ない町。ガソリンスタンドはAとBの2店舗だけ。競争者は少ないけれど，値上げするのは意外と難しいんです。

なぜって？ 同じガソリンなら，安い方のガソリンスタンドから買うでしょう？ 同じくらいの値段だったら，お客さんはそれぞれ近いガソリンスタンドで買うけれど，もしも，Aだけが値上げして，Bが値上げせず安い価格のままにしたら，お客さんはみんなBに買いに行きますよね。値上げしたAは，お客さんを失って，かえって損をします。だから，Aが値上げしたくても，競争者のBが一緒に値上げしてくれないと，実際には値上げできないのです（特徴①）。このような状況が，自由競争のあるときの市場の本来の状態です。

しかし，Aは，値上げして利益を増やすため，競争者Bと同時に値上げできないか，働きかけを開始します。Aがいくら説得しても，Bに値上げする気がなければ，そこでおしまいです。値上げはできません。そうではなくて，説得がうまくいき，Bが，Aの言う通り同時に値上げする気がある，ということがわかれば，実現へ向けて一歩進みます（特徴②）。

また，どのくらいの値上げをするか，いつから値上げするか，について具体的に決めなければなりませんし，ちゃんとその通りに実行するよう約束しなければなりません（特徴③）。一緒に値上げしようということになったのに，実際にはAだけが値上げして，Bは値上げしなかった，あるいは，Bは値上げはしたけどAより安い価格にした，なんてことになったら困りますからね。AとBの間に強い信頼関係があれば，口約束だけで大丈夫ですが，お互いに出し抜きあう関係だったら，約束を守らせるためアメとかムチとか何か実効性を確保するための手段をとるかもしれません。

そして，実際にAとBが同時に同じ価格に値上げすれば，お客さんはしかたがないので，従来通り近くのガソリンスタンドで買い続けます。AとBは，

客を失うことなく値上げによって利潤（値段−費用の差額。いわゆる「もうけ」の部分です）が大きくなり，これまでより大きな利益を獲得します。しかし，この値上げは，お客さんに損害を与えます。つまり，市場の機能を人為的に阻害し，消費者の利益を減少させ，社会全体の利益も減少させます（特徴④）（第1章 1・4，3・1参照）。このような A と B の行為を価格カルテルと呼びます。
⇒7頁　　⇒25頁

　独占禁止法3条後段の不当な取引制限の禁止は，このようなカルテルを典型例として禁止しています。典型的なカルテルの特徴を，以下にまとめます。

⇒7頁　　⇒25頁

POINT

典型的なカルテルの特徴
　①競争者が一緒に行うこと
　　　→(1)「事業者」と「他の事業者」（競争関係）の要件
　②③お互いに値上げなど（※）を約束し，守るつもりがあること
　　　→(2)「共同して」，(3)「相互拘束」の要件
　④皆で，値上げする力を持つことや，実際に値上げすること
　　　→(4)「一定の取引分野」における「競争を実質的に制限すること」
　　　　の要件
　　※「値上げ」以外にも，様々な価格制限，数量制限，市場分割，入札談合
　　もあります。

　不当な取引制限は，2条6項に定義規定があり，3条後段で禁止されています。

　競争者が集まって，一緒に値上げすることを合意して，実際に値上げした，という価格カルテルであれば，①〜④のような特徴を備えており，2条6項はこれらに対応した要件で構成されています[1]。(1)〜(3)が行為要件で，(4)が効果要件になります（「公共の利益に反して」については，第1章 3・3(2)と後出 2・3(2)参照）。
⇒35頁　　⇒94頁

　値上げをする価格カルテルを例に典型的なイメージを提示しましたが，価格と数量は連動していますから，数量制限カルテル（競争者がそれぞれ生産量を減

⇒35頁　　⇒94頁

note
[1]　独占禁止法2条6項「……事業者が，……他の事業者と共同して……相互にその事業活動を拘束し，又は遂行することにより，公共の利益に反して，一定の取引分野における競争を実質的に制限することをいう。」

らすなどして市場全体の供給量を制限するカルテル）も同じ悪影響があります。また，市場分割カルテルは，競争者間で事業活動を行う地域や取引相手をそれぞれに割り当てるものです。このとき，分割された市場の中では競争がなくなり高い価格を維持できます。入札談合（TERM 参照）も，少し複雑な仕組みになりますが，典型的なカルテルの一種です。

　典型的なカルテルであれば，通常，問題なくこれら(1)～(4)の要件に該当し禁止されます。過去の事例では，典型例とは少し異なる事情が含まれるなど，当事者からいろいろな「いいわけ」が主張されてきました。公正取引委員会や裁判所は，個々の事件において要件についての考え方（解釈）を示して，そうした「いいわけ」をほとんど否定してきました。

TERM

入札と談合

　「入札」とは，主に国や地方自治体などの買い手が，物品を購入したり，工事を発注したりする際に用いる方法の一種です（私企業も用いることがあります）。国等は複数の事業者に受注するときの価格や見積もり価格を提出させ，最も低い価格を提示した事業者（売り手）と契約します。かつて金額

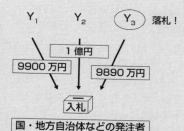

を書いた「札」を箱に「入」れさせていたことから，「入札」と呼ばれています。英語で言えばオークションです。

　図の例では，入札に参加する Y_1 ～ Y_3 のうち，最も低い価格の事業者だけが落札（受注）できるので，1円でも他の競争者より高いと売上げはゼロになります。なので，ちゃんと競争していれば，競争者が付けそうな価格より少し低くしようとお互いに意識して，コストを下げたり利益を削って価格を提示するため，ここに価格競争が起こりますし，結果として発注者である国や地方自治体などは出費を抑えることができます。

　入札「談合」は，入札参加者である Y_1 ～ Y_3 が，競争せず，順番に落札して皆が利益を得られるようにしよう，というものです。そして，例えばある回の入札では落札予定者を Y_3 とし，Y_1 と Y_2 は Y_3 よりも高い価格で入札する，と決めておきます。そうすると，Y_3 は，利益を大きく上乗せした高い価格でも確実に落札できます。

　本文で示した典型的なカルテルのイメージは，複数の競争者が同時に同じ価格に値上げする価格カルテルで，AもBも値上げによる利益を同時に得るこ

とができます。他方，入札談合は，1回目の入札で利益を得るのは落札者 Y_3 だけです。この点が，価格カルテルと異なるところです。入札談合は，次回は Y_1 が落札予定者で，その次は Y_2 が落札予定者になる，というように，お互い期待をして協力し，次回以降も繰り返し調整と合意をします。入札談合については，⇒85頁 **2・1** で詳しく扱います。

Column ⓮　ハードコアと非ハードコア

　典型的なカルテルは，(a)競争を制限する目的と効果（市場の競争への悪影響）しかない共同行為です。他方で，(b)事業者が共同して行動し，その事業者たちの間での競争が，ある程度制限されるものの，コスト削減や共同研究開発などといった競争を活発にする目的と効果（競争促進効果）をもったり，環境保護など消費者の利益となったりする共同行為もあります。(a)をハードコア・カルテル，(b)を非ハードコア・カルテル，と呼んでいます。

　非ハードコア・カルテルは，競争に悪影響が出るものもあれば，悪影響がほとんどないものもあり，なかにはむしろ競争を促進するものもあるので，違法とすべきか否か，慎重に分析・検討する必要があります。

(a)　ハードコア・カルテルの例
　　　・価格カルテル
　　　・数量カルテル
　　　・取引先制限（市場分割）カルテル
　　　・入札談合（受注調整カルテル）
(b)　非ハードコア・カルテルの例
　　　・共同研究開発
　　　・共同購入・共同生産・共同販売
　　　・社会公共目的の共同行為

⇒91頁
　⚠ 次の「**2　要件と解釈**」は，法学を専門に学ぶのでなければスキップして「**2・3 非ハードコア・カルテル**」へ進んでかまいません。

2　要件と解釈

　カルテル事件では，独占禁止法2条6項の要件解釈について，どのような主張がなされ，どのように判断されてきたか，という説明をしていきます。以下

の要件(1)〜(4)は，**1** の POINT に対応しています。

⇒75頁

┃ (1) 事業者と他の事業者（競争関係）┃

　カルテルの典型例は，競争者同士で共同する行為でした（**1** POINT の特徴①）。⇒75頁
では，競争関係にない事業者が，カルテルの成立や実施に関与したり，協力し
ていたらどうでしょうか？　一緒に違反行為者になるのでしょうか。それとも，
競争者ではないから違反行為者には含まれない，ということになるのでしょう
か。

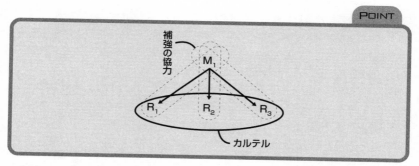

　例えば，販売店 R_1 〜 R_3 が典型的なカルテルを締結し，取引先であるメー
カー M_1 がこれを補強するために協力する関係にある場合を考えましょう。M_1
も共犯者みたいなものなので，一緒に違反にしたいところです。

　ところが，かつて裁判所は，不当な取引制限の違反行為者となるのは，競争
関係にある事業者に限る，という解釈を示したことがあります[2]。そしてその
事件では，R_1 〜 R_3 を違反行為者とし，M_1 はこれらと競争関係にないので違
反行為者としませんでした。

　しかし，一見して競争関係になければ必ず違反行為者から外れる，というこ
とではありません。後の事件で，裁判所は，「実質的競争関係」があれば，そ
のような者であっても競争者として違反行為者となることがあると判示してい
ます[3]。

note ───

[2]　新聞販路協定事件・東京高判昭和 28 年 3 月 9 日高民集 6 巻 9 号 435 頁（百選 18 事件）。
[3]　社会保険庁シール談合刑事事件・東京高判平成 5 年 12 月 14 日高刑集 46 巻 3 号 322 頁（百選
　　19 事件）。

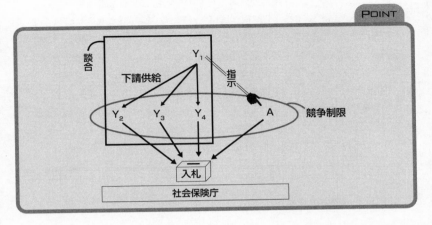

この事件では，Y_1 は入札に参加せず，$Y_2 \sim Y_4$ に下請として供給する関係にありました。しかし，同時に，入札に参加でき $Y_2 \sim Y_4$ と競争関係にある A の代わりに，Y_1 が，$Y_2 \sim Y_4$ と協議して，A に指示を出してもいました。$Y_2 \sim Y_4$ は競争関係にあり違反行為者になるのは当然としても，形式的には，これらと競争関係にあるのは A の方で，Y_1 は競争関係にないように見えます。Y_1 を違反行為者とすることができるのでしょうか？

　裁判所は，Y_1 は A の代わりに $Y_2 \sim Y_4$ と協議して競争を制限することのできる立場であったのだから「実質的競争関係」にあったのであり，Y_1 は「事業者（他の事業者）」の要件を満たし違反行為者となる，と判断しました。

　以上のように，判例は解釈により競争関係を要件としています。ただし，形式的に競争関係になくとも「実質的競争関係」があれば足りる，ということです。

Column ⓯　「競争関係」の要件

　定義規定の2条6項には，「競争関係」を要件とする文言はありません。独占禁止法が制定されたときに参考にされたアメリカの連邦反トラスト法（シャーマン法1条）も，競争関係にあるか否かを問わず，合意に加わっていれば適用対象とできます。EU 競争法（EU 機能条約 101 条）でも，競争関係の有無を問いません。

このようにグローバルな視点からは，日本の裁判所による限定は特殊なものですが，判例として現在もこの解釈が維持されています。「競争関係」の要件は，日本の裁判所が，当時の条文間の関係から限定を付すことが必要であると判断して解釈した結果であり，法改正を経た今日もなおそのような解釈が妥当か，については疑問もあります。公正取引委員会は，流通取引慣行ガイドライン[4]（第2部第2-3(1)（注2））で，競争関係にない事業者を不当な取引制限の違反行為者とする可能性を示したことがあります。将来的には，「競争関係」を不要とするようになるかもしれません。ただし，今までのところ，実務でこれを不要とするような運用がされた事例はありません。

(2) 共同して（意思の連絡）

　競争者が活発に競い合っていて，一緒に値上げするかどうかお互いにわからない状況では，なかなか値上げできません。市場の自動調節作用が機能するのは，このような状況です。

　カルテルは，競争者間で「一緒に値上げしよう」という意思を，人為的に通じ合わせることで，安心して値上げできるようにします。これを「意思の連絡」と呼んでいます。2条6項では「共同して」という文言が，「意思の連絡」を要件としていると解釈しています。

　会合を開いて，価格について話し合って，いつからいくらに値上げするか合意し，その記録を書面で残していたら，明白な「意思の連絡」の証拠になります。公正取引委員会は，議事録などの明白な証拠以外にも，FAXやメール，手帳のメモ，その他の記録，証言など，いろいろな間接証拠を総合して「意思の連絡」があったことを証明します。

　違反になりたくない事業者は，一緒に値上げはした場合でも，後で「価格の話題はあったけど，自分は『値上げする』とは言っていない」とか，「担当者同士で何か連絡したようだが，内容はわからないし，記録も残っていない」とかいう主張をする場合があります。「意思の連絡」の要件を欠くので違反ではない，と主張したいのです。

note
[4]　「流通・取引慣行に関する独占禁止法上の指針」（平成3年7月11日）。

競争者の間で，お互いに，同時期に同程度の値上げをするなど，それぞれの事業活動を行う際に他の事業者と足並みを揃えて行動する意思を持っていて，その意思を持っていることについてもお互いが理解し了解している，というのであれば，明示的に合意しようが，雰囲気で察し暗黙の了解にとどめようが，「意思の連絡」があることには変わりありません。意思の連絡は，「明示の意思の連絡」だけでなく，「黙示の意思の連絡」でもかまわないのです[5]。また，価格を明確に定めて合意することまで必要とするものではなく，一定の範囲に限定したり，共通の価格算定方式を設定したり，目標価格や標準価格を設定するなど，お互いの競争制限的行動を予測することが可能となっていれば足りるとされています[6]。

　黙示の意思の連絡の立証にはいろいろな困難がありますが，例えば，①同時に値上げするなどの行動の一致があるだけでなく，②事前に連絡・交渉をしており，③連絡・交渉の内容が価格等に関するものであった，という事実から認定する方法が用いられることがあります（このような認定方法は，一般に「三分類説」と呼ばれています）。この方法以外にも，不自然に一致した行動や，単独で判断してとった行動としては合理的に説明がつかないことから，意思の連絡がなければこのような行動はありえない，として，意思の連絡を推認した事例もあります。

Column ⓰　意識的並行行為

　意思の連絡はないけれど，結果的に足並みがそろってしまい，複数の競争者が同時期に同程度の値上げをすることがあります。例えば，産油国で戦争が起こり，原油価格が上がったため，国内の石油元売会社のガソリン出荷価格が上がったとします。どのガソリンスタンドも，独自の判断として，ガソリンの仕入れ価格が値上がりした分，販売価格を値上げするでしょう。（実際には，競争者が値上げするか様子を見ながら，自分も値上げする，という足並みのそろえ方をするかもしれません）。

　これも一緒に値上げする行動に見えますが，「意思の連絡」がないのであれば，各事業者の独立した意思決定であり，市場の自動的な調節プロセスであるととも

---

note
[5] 東芝ケミカル事件・東京高判平成7年9月25日審決集42巻393頁（百選21事件）。
[6] 元詰種子カルテル事件・東京高判平成20年4月4日審決集55巻791頁（百選25事件）。

らえるべきで，違法とすべきではありません。このような競争者間で偶然に一致した行動は，お互いに「意識」しつつ「並行」して足並みを揃える行為なので「意識的並行行為」と呼ばれ，意思の連絡のあるカルテルとは区別されています（意識的並行行為は，意思の連絡がないのですから，要件を欠き，不当な取引制限にはなりません）。

(3) 相互拘束

　競争者の間で，「一緒に値上げしよう」という意思の連絡ができても，それを簡単に裏切ることのできる関係だと，自分が値上げをしても，競争者は値上げせず，客を奪われることになりかねません。カルテルの成功には，値上げするよう「相互に」事業活動を「拘束」する関係が必要です。

　ただ，「拘束」といっても，契約や罰則などの強制までは必要なく，紳士協定のように「約束したのだから守ろう」という程度のものでかまいません[7]。その程度の緩やかな拘束でも，値上げという行動を実際にとらせられるのであれば，個々の事業活動は自由ではなく拘束があったといえます（独占禁止法がカルテルを禁止するのは，他者を拘束するからではなく，お互いに競争を回避することで市場が機能しなくなるからなのです）。

　そして，「相互に」拘束することが必要ですが，意思の連絡があり（「共同して」），みんながその内容のとおりに行動するなら，それぞれが事業活動を拘束され，「相互に」「拘束」されるといえます[8]（②・1(3)も参照）。
⇒88頁

　かつて，裁判所は，「拘束」の内容が共通していることを要求していましたが[9]，現在では要求していません。また，公正取引委員会も共同ボイコットについて，共通の目的に向けられた拘束であれば，それぞれが受ける拘束の内容まで共通している必要はない，と考えています[10]。例えば，(1)の「実質的競争関係」にある事業者間の場合，Y_1 と $Y_2 \sim Y_4$ とでは，立場も違えば果たすべ
⇒78頁

note
[7] 石油価格カルテル刑事事件・最判昭和59年2月24日刑集38巻4号1287頁（百選5・29・35・127事件）。
[8] 多摩談合（新井組）事件・最判平成24年2月20日民集66巻2号796頁（百選3・20事件）。
[9] 新聞販路協定事件・東京高判昭和28年3月9日高民集6巻9号435頁（百選18事件）。
[10] 流通取引慣行ガイドライン（第2部第2-3(1)（注2））。

き役割も異なるので，拘束の内容もそれぞれ異なります。しかし，一緒に協力して入札談合を成功させる，という目的は共通していて，それを達成するためにそれぞれの役割に応じた行動をとっているのであれば，本来自由であるはずの事業活動が相互に拘束されていると言えそうです。

Column ⑰ 「共同して」「相互に」「拘束」

　従来，学説でもテキストでも，「相互拘束」の要件として，「相互に」と「拘束」をセットで説明してきました。ところが，最近の最高裁判決[11]では，「共同して……相互に」と「（事業活動の）拘束」とに区切って法適用しています。何か大きな解釈の変更があったのでしょうか？

　実はこれは，原審の議論の仕方に対応したにすぎません。この最高裁判決の後も，解釈論は実質的には変わりなさそうです。(2)と(3)で見たとおり，もともと「共同して」と「相互拘束」は，内容的に重複する部分があり連動もしています。つまり，「共同して」の意思の連絡は，一緒に値上げするなど足並みを揃えて行動することについて「お互いに」認識し認容することですので，「共同して」の解釈には既に「相互に」の要素が含まれています。そして，意思の連絡があり，当事者全員がその内容のとおりに行動しているなら，それぞれが事業活動を拘束されており，「共同して」「相互に」「拘束」されているといえます。ただ，1で見たように，「拘束」が「相互に」あることが，カルテルの特徴の1つですので，それぞれにどのような拘束があったかを具体的事実に即して確認することにも意味があります。

---

(4)　一定の取引分野における競争の実質的制限

　定義規定2条6項では，「一定の取引分野」における「競争を実質的に制限」すること，と規定されています（「一定の」というのは，「競争がありうる範囲の」という意味だと思ってください）。「一定の取引分野」とは市場を意味し，「一定の取引分野における競争を実質的に制限する」というのは，市場の機能が自動的に働くのではなく，人為的に操作される，つまり誰かの意思で市場全体の価格や数量が左右される，という状態を意味しています（第1章3・1参照）。⇒25頁

---

note
[11]　多摩談合（新井組）事件・最判平成24年2月20日民集66巻2号796頁（百選3・20事件）。

不当な取引制限（カルテル）には，(a)ハードコア・カルテルと，(b)非ハード
コア・カルテルという分類がありましたね（**1 Column ⑭**参照）。この分類の(a)か ⇒77頁
(b)かによって，「一定の取引分野」における「競争を実質的に制限」の認定に
ついて，異なる扱いがされています。

　(a)ハードコア・カルテルは，典型的なカルテルで，競争者の間で競争を回避
し，市場が機能していた場合よりも大きな利益を得ようとする行為です。人為
的に競争を制限して，本来の市場の機能を歪（ゆが）めること自体が目的ですから，そ
れが現に実行されているなら，競争は制限され，市場が機能していた場合より
も高い価格・低い取引数量になっているはずです。

　このようなハードコア・カルテルの多くは，実行中または実行後に見つかり
ますから，その行為を見れば，競争関係にある事業者の範囲もわかりますし，
「一定の取引分野」の範囲も見て取れます。つまり，共同している者が行為者
ですし（価格競争力のある競争者が必ず仲間に入っています）**(1)**，合意の対象と ⇒75頁
なった商品や地域の範囲が，競争の場である市場，すなわち「一定の取引分
野」の範囲となります。そして，実際にカルテルが実行できているなら，人為
的に競争は制限され，価格を上げ（取引数量を減少させ）ていることになります。
つまり，「一定の取引分野における競争を実質的に制限する」という要件も，
カルテルの実行それ自体から容易に認定できてしまいます。

　では，カルテルの合意はあるけれども，実際に値上げする前に公正取引委員
会に見つかってしまったらどうでしょうか？　値上げ前なら，違反にならない
のでしょうか？

　これについては，合意時に違反行為は成立するとする説（合意時説）が判例
であり通説です。競争を実質的に制限しそうかどうか，についての判断は，カ
ルテルの合意が果たしてどの程度確実に実現しそうかどうか（合意の実効性）
によります。確実に競争を制限しそうな合意ならば，予定日前だったり，多少
値上げの時期がずれようと，値上げ幅が食い違おうと，市場の機能を人為的に
阻害することには変わりありません。当事者たちは，カルテルの合意を形成す
る過程でお互いの手の内がわかってしまうので，その後の事業活動においても，
競争者の価格設定について予想がつき，あえてお客さんの奪い合いをするより
も，利益を見込んで同じような価格を設定するようになるからです。

他方，(b)非ハードコア・カルテルは，(a)ハードコア・カルテルとは違い，多種多様な目的や効果をもち，競争を制限するだけではないため，その目的の合理性，行為内容の必要性や合理性，競争に与える悪影響などを分析し，検討する必要があります。⇒91頁 ②・**3** で扱います。

2 特徴的な共同行為

　ここまでは，競争者と一緒に値上げする価格カルテルをイメージして，典型的なカルテルの説明をしてきました。

　ここでは，価格カルテルとは少し異なる特徴を持ちますが，不当な取引制限の適用対象とされる行為を，いくつか取り上げて説明します。

1　入札談合

　入札談合もハードコア・カルテルに分類される，典型的な違反行為です。しかし，価格カルテルなどとは少し異なった特徴があります（⑪・**1** ⇒76頁 TERM 参照）。

(1)　合意の構造

POINT

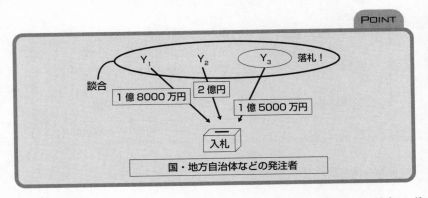

　入札談合は，例えば，入札参加者である Y_1 〜 Y_3 が，お互いに競争せず，順々に落札して皆が利益を得られるようにしようとする行為をいいます。例えば1回目の入札では，受注予定者を Y_3 に決め，その他の Y_1 と Y_2 は Y_3 より

も高い価格で入札する，と決めます。Y_1 と Y_2 が協力してくれるので，Y_3 は利益を大きく上乗せした高い価格で，確実に受注（落札）できます。しかし，1回目の入札で利益を得るのは受注する Y_3 だけです。そのため，この取り決めだけでは足りず次の入札の時に誰が受注予定者になるのか，という調整と合意が必要になります。

　そこでまず，あらかじめ「入札談合をやりましょう」という最初の総意（①受注予定者と価格を調整して決める，②他の入札参加者は受注予定者が受注できるように協力する）と，それを実現するために今後どのようにして受注予定者を決めるか，といった基本的なルールが形成されます（「基本合意」と呼ばれます）。そして，具体的な個別の入札ごとに，基本ルールに基づき，具体的に誰が受注するか，金額をいくらにするか，について調整し合意され（「個別調整」と呼ばれます），それが繰り返されます。こうした談合は，数回しか続かないものもあれば，何十年も続いた事例もあります。

POINT

基本合意
・受注予定者と価格を調整して決める
・他の参加者は受注予定者が受注できるように協力する
・調整方法（話し合い，現場からの会社の近さなど）

個別調整
・第 1 回入札　個別調整「Y_3 が 1 億 5000 万円で受注予定」
・第 2 回入札　個別調整「Y_2 が 1 億 3000 万円で受注予定」
・第 3 回入札　個別調整「Y_1 が 2 億円で受注予定」
⋮
・第○回入札　個別調整「Y_3 が 1 億 8000 万円で受注予定」

※まとめて 1 つの入札談合

(2) 基本合意の認定

　入札談合には，(1)でみたように基本合意と個別調整という 2 段階の合意がありますが，「共同して」「相互に」「拘束」するという行為要件は，基本合意の段階で充足します。これは，価格カルテルの最高裁判決で示された，不当な取

引制限は「合意」の時点で違反行為として成立し既遂になる，という考え方がそのまま採用されています[12]（⇒84頁）（①・**2**(4)の合意時説）。

　ただし，基本合意の立証には，困難が生じる場合もあります。公正取引委員会が審査を始めたときに，基本合意が最近決められたものであれば，当事者の記憶も新しいでしょうし，証拠も残っていることが多いでしょう。しかし，何十年も入札談合が繰り返されている場合，基本合意のルールに従って個別調整してはいるものの，「今となっては，基本合意を誰が，いつ，どこで，どのように決めたか，当事者でさえ知らない」ということもあります。そうすると，長期間続いた悪質な談合ほど，基本合意の証拠を十分に集めることができず違反にできない，ということになりかねません。

　そこで，公正取引委員会は，繰り返されている個別調整から一定の法則性を見つけることで，「遅くとも○○頃までには，△△という内容の共通認識を形成するに至った」といった合理的推認をし，基本合意を立証しています。問題なのは，いつ成立したかという歴史ではなく，基本合意が存在していて，それが機能し，現に競争を制限しているという事実なのです。

Column ⓲　刑事事件の時効

　刑事事件では，訴追について時効の制度があります。不当な取引制限の罪の最高刑は，5年以下の拘禁刑（懲役）（89条1項）ですから，公訴時効は5年です（刑事訴訟法250条2項5号）。時効の起算点は，犯罪行為が終わった時（刑事訴訟法253条1項）なので，いつ終わったか，が重要となります。

　犯罪はその性質により，即成犯，状態犯，継続犯という分類があり，終了の時点が異なります。

　不当な取引制限の判例・通説である合意時説では，基本合意の時点で犯罪は成立します。この時点で既遂であり犯罪行為が終わった，と解釈すれば（状態犯とする場合），5年を超えて続いている悪質な入札談合については時効が成立していることになり刑事訴追できなくなります。それはおかしいですね。そこで，時効にならないように，2つの説が考案されました。①基本合意で既遂に達するが，個別調整が続いている間は犯罪行為は終わらず，時効を起算しない，

---

note
[12]　石油価格カルテル刑事事件・最判昭和59年2月24日刑集38巻4号1287頁（百選5・29・35・127事件）。

とする継続犯説と、②最初の基本合意は成立の時点で終了するものの、各回の個別調整もそれぞれ犯罪の実行行為にあたるので、最近 5 年間の個別調整がある以上は時効は成立しない、とする遂行行為説です（2 条 6 項に「拘束し、又は遂行する」とあるので、基本合意は「（相互）拘束」で、個別調整は「遂行」と考えます）。裁判所の判決は、①継続犯であると明言しつつ、②個別調整も遂行行為として犯罪行為たりうる、としています[13]。

なお、刑事事件ではなく、通常の行政事件として排除措置と課徴金を命じる場合は、「当該行為がなくなつた日」あるいは「実行期間の終了した日」から 7 年以内とあるので（7 条・7 条の 8 第 6 項）、個別調整が続いていて 7 年以内に実行されていれば違反として処理できます。

▎(3)　立場の違いと相互拘束 ▎

入札談合では、個別の入札についてみれば、受注予定者とその他の協力者、という立場の違いがあります。そのため、以下のような主張がなされた例があります。

主張①「自分はまだ 1 回も受注していないから、一方的に拘束されただけで、相互拘束の要件を満たさない。」

主張②「もともと将来にわたって受注するつもりはなく、協力だけするために参加したので、こちらから拘束するつもりはなく、一方的に拘束されただけで相互拘束の要件を満たさない。」

これらの主張は、「拘束」の「相互性」の問題として議論されてきました。

note
[13]　鋼橋上部工入札談合事件・東京高判平成 19 年 9 月 21 日審決集 54 巻 773 頁（百選 125 事件）。

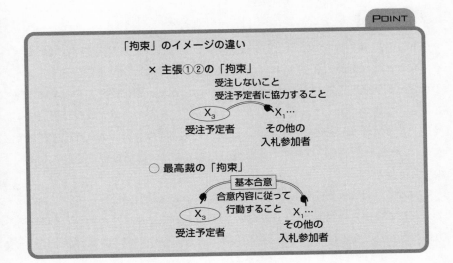

「拘束」のイメージの違い

× 主張①②の「拘束」
受注しないこと
受注予定者に協力すること

X₃
受注予定者

X₁…
その他の
入札参加者

○ 最高裁の「拘束」
基本合意
合意内容に従って
行動すること

X₃
受注予定者

X₁…
その他の
入札参加者

　主張①と②は，受注予定者は，その他の入札参加者を自分よりも低い価格で入札しないよう拘束している立場にあり，受注予定者自身は誰にも拘束されていない，という考え方です。「拘束」を，誰かが他の者に不利益を強いること，というイメージでとらえていたのでしょう。

　しかし，最高裁は，基本合意（意思の連絡）があり，全員がその内容のとおりに行動するなら，各事業者は本来自由であるはずの事業活動を制限され，「相互に」「拘束」し合う関係にある，と判示しています[14]（1・**2**(3)参照）。この判決によって，従来の議論は一掃されました。「拘束」とは，自由な事業活動を制限することであり，自分で自分の活動を制限することも含む，ととらえています。利益・不利益は関係ありません。これは1・**2**(3)の，紳士協定の程度でかまわない，という説明に通じます。立場が違っても，各事業者が合意内容に従って果たすべき役割を果たしていれば，それぞれが自分の自由を制限し合意に拘束されているのであり，相互に拘束し合っていたということができます。

---

note

[14]　多摩談合（新井組）事件・最判平成 24 年 2 月 20 日民集 66 巻 2 号 796 頁（百選 3・20 事件）。

⑷ 離　脱

入札談合に参加していても，なかなか受注予定者にしてもらえず，我慢できなくなり，個別調整に反して自ら落札・受注する事業者も，たまにいます。この場合，個別調整のとおりの結果ではないので，違反行為は落札の時点で終了したとみてよいのでしょうか？　もう少し具体的に言うと，個別調整に反して受注した事業者は，その受注した売上額について，課徴金を課されるのでしょうか？　それとも，入札談合から「離脱」したとして，課徴金の対象外になるのでしょうか？

裁判所は，個別調整に反して受注しても本来の競争状態には戻っていないので，入札談合からの離脱は認められず，課徴金の対象となる，と考えます。課徴金の対象外となるには，入札談合から離脱したことが，他の入札参加者に伝わり，現に競争が回復していたと認められることが必要です[15]。

2　共同ボイコット ●

複数の競争者の共同行為には，仲間内での競争を回避する（典型的には一緒に値上げする）のではなく，仲間でない事業者を市場から追い出すために協力する行為もあります。これにより，市場の機能を人為的に阻害し，価格や数量などを左右するほどの悪影響を生じさせる場合には，不当な取引制限の要件を充足しそうです。

競争者が共同して取引を拒絶する（あるいは拒絶させる）行為を，「共同ボイコット」あるいは「共同の取引拒絶」といいます。取引を拒絶された者は，市場で事業活動を行うことが難しくなり，市場の競争から排除されるかもしれません。仮に，拒絶された者が，安値で商品を販売するなど活発な競争行動をとる者であったならば，このような者を市場から排除することで市場全体の価格を引き上げることができます。

共同ボイコットは，価格カルテルなどと別の類型というわけではありません。競争への悪影響の与え方が，仲間内での競争の回避ではなく，競争者や他の事

note
[15]　岡崎管工事件・東京高判平成 15 年 3 月 7 日審決集 49 巻 624 頁（百選 30 事件）。

業者の排除による，という点で異なりますが，競争者間の共同行為であることには変わりありません。そして，共同ボイコットには，競争を制限する目的と効果しか持たないハードコア・カルテルとして扱うべきものもあれば，競争制限とは別の目的・効果を持つ非ハードコア・カルテルとして扱うべきものもあります。

　また，一定の取引分野における競争を実質的に制限するほどの悪影響がない場合には，19条で禁止される不公正な取引方法の一類型として規制されます。詳しくは，第**5**章 ②・**3**で扱います。^{⇒176頁}

3　非ハードコア・カルテル

　非ハードコア・カルテルは，ハードコア・カルテル以外の共同行為をいいます。競争を制限することだけを目的とするのではないため，その目的の合理性，行為の内容の合理性，競争に与える悪影響などを分析し，検討する必要があります。

　大きく分類すると，以下の２つになります。(1)共同で合理化・効率化することで競争を促進する効果を持つ行為。(2)生命や健康，環境など競争とは異なる大事な価値や利益を守るために必要な共同行為。

　これら(1)または(2)の行為だから適法とすべきだ，という主張は，競争制限の真の目的を隠す隠れ蓑や言い逃れとして使われることもあるため，そのまま鵜呑みにすることはできません。(1)の主張であれば，一定の取引分野すなわち市場を画定し，競争を制限する効果がどの程度生じるか，競争を促進する効果が実際に生じるか，を分析し比較しなければなりません。そして，(2)であれば，これに加えて競争することにより生命や健康に与える危険がどの程度か，差し迫った重大なものか，それを防ぐために共同してとる手段が適切といえるか，などの事情も法１条の究極目的に照らして検討しなければなりません。基本的な考え方は，第**1**章の ③・**1** と ③・**3** を確認してください。⇒25頁　⇒35頁

┃ (1)　効率化目的の共同行為 ┃

　競争関係にある事業者の間で，事業提携，共同事業，ジョイント・ベンチャーなど，名称は様々ですが「共同して」「相互に」「拘束」する契約を締結

することがあります。力を合わせて，事業を効率化し，競争力をつけ，それを武器に積極的に闘っていくのであれば，市場の競争は促進され，「競争を実質的に制限」しないかもしれません。

　価格カルテルなどハードコア・カルテルでは，市場の競争者のほとんどが参加していなければ，そもそも値上げできませんでした。他方，効率化目的の共同行為，例えば，共同研究開発，共同生産，共同での原材料調達，共同での流通などは，コスト削減になるなら1社で行うよりも少数でも複数社で行う価値があります（例えば市場シェアの小さな2社だけ）。そのような規模の小さい共同行為は，一定の取引分野（市場）における競争を実質的に制限する可能性は低いでしょう。そして，実際に効率化できるなら，市場の競争を制限するのではなく，むしろ，競争を促進させることができるかもしれません。

　他方，市場の競争者を多く含む共同行為の場合は，価格・数量・品質・その他の条件を左右する力を形成（すなわち，競争を実質的に制限）する可能性が相対的に高くなるため，慎重に検討する必要があります。

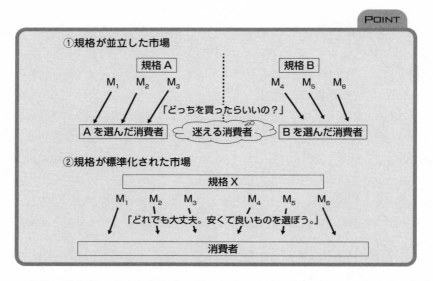

　市場の競争者の多くが参加する共同行為でも違反となりにくい例としては，規格の策定や標準化のための取り決めがあります。多くの市場参加者が関係しそうな新しい技術が立ち上がる際には，規格が複数並立して市場を分断しない

ように，比較的早い段階で公的機関や事業者らが特定の技術を「規格」や「標準」として決めます（これを，「標準化」といいます）。この規格に準拠している限り互換性があるので，どのメーカーの製品でも，消費者は安心して選ぶことができます。競い合う場を整備して，その上で競争することで，より活発な競争をすることが可能になるのです。

POINT の図①では規格 A だと 3 社での競争ですが，図②のように規格 X で統一すると 6 社での競争になります。競争も活発になり，消費者にとっては，選択肢が増え，価格・品質面でより良いものを購入できそうです。メーカーなど事業者にとっても，例えば，図①において，規格 A で製造する 3 社は，規格 B を選ぶ消費者を最初からあきらめなければなりませんが，図②のように規格 X で統一されれば，市場規模が倍増し消費者全体を顧客にできます。市場規模が拡大すれば，新たな事業者が新規参入するかもしれませんし，それまで関心のなかった消費者が新たに購入意欲を持つようになるかもしれません。このように，規格や標準の策定は，事業者と消費者の両方にとって良い効果を生む可能性があります。

ただし，これらの効率化目的の共同行為は，価格や数量などのカルテルや共同ボイコットの隠れ蓑として用いられる可能性もあるため，目的の合理性，行為内容の必要性や合理性，市場への影響を分析しなければなりません。そのため，前提として市場を画定する作業も必要になります。

Column ⑲　標準化と，パテントプール，FRAND 宣言

標準化に際しては，複数の技術が関連して標準とされることがしばしばです。標準となった技術の特許権者ら以外の者が，それらの技術を利用する際には，すべての技術についてライセンスを受けなければなりません。その際に，特許権者らがパテントプールを作り，個別的にライセンスを行うより容易にライセンスできるようにすることがあります。

パテントプールとは，ある技術に権利を有する複数のものが，それぞれの所有する特許権の維持管理または特許権のライセンス諾否の権限を，一定の企業体や組織体に集中させるものをいいます。当該企業体や組織体を通じてパテントプールの構成員等が，必要な技術を相互にライセンスし合ったり，外部に一括してライセンスしたりします（「知的財産の利用に関する独占禁止法上の指

針」（平成 28 年 1 月 1 日）第 3-2 (1)）。これにより，メーカーなどの事業者は，個別に特許権者と交渉してライセンスを受けるといった面倒な作業やそれに伴う費用を節約することができ，市場に参入することが容易になります。

　そのため，パテントプールは，競争者間で共同する行為ではありますが，それ自体が直ちに違反とされるものではありません。しかし，外部者に対し，価格や数量に対する制限を条件としてライセンスしたり，ライセンスの拒絶などを通じて新規参入を阻害したり，新しい技術開発を阻害するような運用がなされる場合には，私的独占や不当な取引制限などとして独占禁止法で問題とされます（「標準化にともなうパテントプールの形成等に関する独占禁止法上の考え方」（平成 19 年 9 月 28 日））。

　また，標準規格に適合させるうえで必須の特許（標準必須特許）を保有することとなった特許権者（ら）は，「FRAND 宣言」を行うことがあります。

　FRAND 宣言とは，宣言を行った特許権者が，FRAND 条件でのライセンスを受ける意思を有する者に対して，公平（Fair）で合理的（Reasonable）かつ（And）差別的でない（Non-Discriminatory）条件で，ライセンスをする用意がある意思を，標準化機関に対し文書で明らかにすることを言います（「知的財産の利用に関する独占禁止法上の指針」第 3-1 (1)オ）。

　FRAND 宣言がされても，ライセンスの条件について，何が公平で合理的なのかは個別事案によって異なるため，ケース・バイ・ケースでの評価が必要となります。知的財産ガイドラインでは，私的独占の排除行為や不公正な取引方法（一般指定 2 項や 14 項）になる場合の例として，宣言を行った特許権者（ら）が，ライセンスを拒絶し，又は差止請求訴訟を提起することなどがあげられています。

(2) 社会公共目的の共同行為（自主規制）

　社会全体の利益のために，競争者間で共同して，あるいは事業者団体を通じて，自主規制をすることがあります。

　他の法律で禁止されている違法行為をやめるよう呼びかける自主規制は，直ちには独占禁止法違反とはなりません[16]。独占禁止法は「公正」かつ自由な競争を促進することを目的としていますから，他の法律上，刑罰により禁止され

note
[16]　大阪バス協会事件・公取委審判審決平成 7 年 7 月 10 日審決集 42 巻 3 頁（百選 36 事件）。

るような違法な行為によって競争するための法適用はめったなことではしないのです。

　生命，健康，環境など，一度失われると回復できない価値を保護するために，競争を制限することはわかっていても「やむをえない」と理解されるような自主規制の場合にも，例外的に違法とされない可能性があります（第1章③・**3**(2)参照）。その条文上の根拠は，不当な取引制限の場合は，2条6項の「公共の利益に反して」という文言でした。この文言の解釈論が発展し，現在では，1条の究極目的である「一般消費者の利益」に照らして，社会公共目的の行為について例外的に違法性阻却される可能性を認めているようです。

　ただ，「社会公共目的の自主規制である」といいながら，それを隠れ蓑にして，競争を制限する場合がある，ということには警戒しなければなりません。また，自主規制は，そのルールや規則それ自体については問題がなくても，その運用が問題となることがあります。例えば，「自主」規制は自主的に参加するものであるのに，参加していない外部の事業者に対しても自主規制を守るよう「強制」するような場合です（事業者団体ガイドライン[17]・第2-7，-8，-12）。他にも，カルテルの実効性確保のための手段として自主規制が使われたり，新規参入を阻害する手段として使われることも，可能性としては考えられます。

　裁判所は，①目的の合理性，②内容の合理性，③実施方法の合理性，という3つの側面から，適法な自主規制として認めるべきか否かを検討しました[18]。事業者団体の規定（8条）が適用された事件で示された判断手法ですが，不当な取引制限にも応用することができます。

③　事業者団体

(1)　規定の位置づけ

　事業者団体とは，事業者としての「共通の利益」を増進することを「主たる

note
[17] 「事業者団体の活動に関する独占禁止法上の指針」（平成7年10月30日）。
[18] 日本遊戯銃協同組合事件・東京地判平成9年4月9日審決集44巻635頁（百選6・43事件）。

目的」とする2以上の事業者の結合体をいいます（2条2項）。組合，協会，連盟など，名義は何であれ，複数の事業者が集まって作った組織は事業者団体になりえます。

　複数の事業者が集まって団体になっているのですから，いろいろな意味で力があります。事業者団体は，第二次世界大戦の戦前・戦中に，国家による経済統制の末端機関として機能し，そこで強力な統制やカルテルが行われていた経緯もあり，今日では，競争に対して悪影響が出る行為をしないよう，単なる事業者にはない厳しい規定も用意されています。

　なお，事業者団体が取引の主体として活動している場合，団体自体が事業者として扱われ，3条や19条が適用されることもあります。

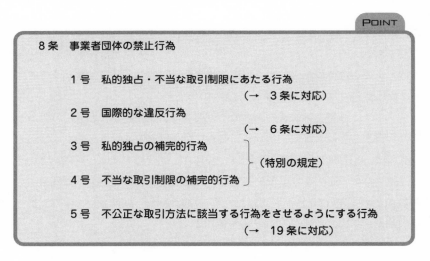

POINT

8条　事業者団体の禁止行為

1号　私的独占・不当な取引制限にあたる行為
（→　3条に対応）

2号　国際的な違反行為
（→　6条に対応）

3号　私的独占の補完的行為
4号　不当な取引制限の補完的行為
（特別の規定）

5号　不公正な取引方法に該当する行為をさせるようにする行為
（→　19条に対応）

　事業者に対する規制を行う3条に対応して，事業者団体には8条1号が規定されています。1号には，私的独占に相当する行為と，不当な取引制限に相当する行為が含まれます。実際の運用では，ほとんどがカルテル（不当な取引制限）の事件です。そして，19条に対応するのは8条5号です。8条1号の違反行為には刑事罰の可能性がありますが（89条1項2号），8条5号の違反行為にはありません。

　8条3号および4号は，事業者団体に対する特別の規制です。3号は主に私的独占の前段階となる行為，4号は不当な取引制限の前段階となる行為を，事

業者団体が主体となって行うことが想定されています。そして，これまで適用事例はありませんが，3号と4号の違反行為に対しては刑事罰の規定があります（90条2号）。「一定の取引分野における競争を実質的に制限する」程度にまで至らない行為を対象とするにもかかわらず，刑事罰が用意されていることも，事業者団体に対する規制が特別であることを示しています。

8条1号については，3条の解説（第**2**章と第**3**章）を見て，事業者団体が主体となり，その「決定」として行えば8条1号に違反するのだな，と理解してください。また，事業者団体による自主規制など，社会公共目的のための行為については，^{⇒94頁}②・**3**(2)を見てください。以下では，8条3号から5号についてだけ解説します。

(2) 8条3号

事業者団体が，「一定の事業分野における現在又は将来の事業者の数を制限すること」が禁止されています。新規参入を妨げる行為だけでなく，既存の事業者を排除する行為も含まれます。特に，その事業者団体に加入しなければ事業活動を行うことが困難な事業分野で，このような行為が行われると，競争が行われにくくなります。

例えば，地域の医師会に加入することなく開業医になることは一般に困難です。そこで，医療機関の開設を希望する者に，あらかじめ医師会にその申出をさせて，近隣の既存の会員医師の同意がなければ開設を認めなかった行為が，「現在又は将来の事業者の数の制限」として8条3号違反とされています（既に開業している場合の診療科目の追加や，病床の増設などを制限した行為は，8条4号とされています）[19]。

(3) 8条4号

事業者団体が，「構成事業者……の機能又は活動を不当に制限すること」が禁止されています。価格や数量について制限を課すことは，通常，競争を実質的に制限し，8条1号が適用されますが，団体の一部の者たちのみが制限的な

---

note

[19] 観音寺市三豊郡医師会事件・東京高判平成13年2月16日審決集47巻545頁（百選37事件）。

行為を実行している場合や，決定対象となった商品群の一部（特定のブランド）についてだけ制限しているなどの場合には，8条4号が適用されます。

また，価格・数量以外の制限で，市場の価格・数量等に対する影響が直接的ではないけれども，間接的・部分的にでも競争を制限する効果がある場合に4号が適用されます。

過去の事例では，届出料金の申請についての制限（全構成員が届出料金を遵守したのではなかった事例），販売方法や広告などの制限，製造・販売拠点の増設の制限などの事例があります[20]。

⑷ 8条5号

事業者団体が，「事業者に不公正な取引方法に該当する行為をさせるようにすること」が禁止されています。

例えば，製造業者 M_1 〜 M_5 を構成員とする事業者団体 Y が，卸売業者 W_1 〜 W_{10} に対し個別に，Y に所属しない製造業者 X との取引（購入）を打ち切るよう，要請したとしましょう。

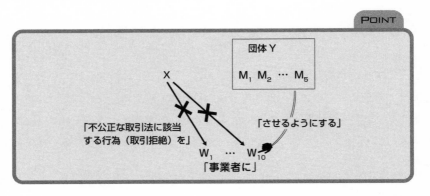

この例では，「事業者に」にあたるのは，W_1 〜 W_{10} に，です。「不公正な取引方法に該当する行為を」は，W_1 〜 W_{10} それぞれによる単独の取引拒絶を，です。「させるようにする」は，Y が W_1 〜 W_{10} に要請したことです。そして，

これらの行為により，公正競争阻害性という効果要件を充足するなら，8条5号違反になります（公正競争阻害性については第**5**章**4**参照）。
⇒218頁

　もう少し一般化して説明すると，「事業者」は，団体内部の構成員である場合もありますし，団体外部の事業者の場合もあります。そして，「させるようにする」とは，勧奨（働きかける行為）で足りるとされ，強制や拘束は必要ないとされています。事業者団体の影響力は強いので，その程度であっても十分に競争制限効果を発生させることが可能だからです。不公正な取引方法に「該当する行為」というのは，実際の行為をした個別事業者 W_1 ～ W_{10} が現に 19 条違反になる必要はない，という意味で，「不公正な取引方法を」ではなく「不公正な取引方法『に該当する行為』を」と規定しています。不公正な取引方法の行為類型に合致する行為であればよい，と理解されています。

　効果要件としての公正競争阻害性の判断も必要です。違反行為に問われるのは事業者団体なので，公正競争阻害性は，「させるようにする」行為をまとめて評価します。個別に単独の取引拒絶を要請する行為が多数あるなら，それら全部をまとめて競争に対する悪影響を判断します。この例だと，W_1 による単独の取引拒絶だけで生じる個別の効果を見るのではなく，Y の要請により W_1 ～ W_{10} すべてが取引拒絶を行い，X が取引先のほとんどを失って排除されたという効果を見ます。そして競争排除（市場閉鎖効果）による自由競争減殺が生じ，公正競争阻害性があったかどうか，を評価します。

　不公正な取引方法に該当する行為の内容については，第**5**章を見てください。

4 課徴金とリニエンシー

(1) 課徴金の算定式

　不当な取引制限をするとどのような不利益があるのか，については，第**1**章**4**を見てください。①排除措置命令，②課徴金，③刑事罰，④損害賠償請求訴訟といった制度が規定されています（24条の差止請求訴訟の対象にはなりま
⇒37頁

せん）。

　不当な取引制限に対する課徴金は，原則として，違反行為による取引額の
10％が徴収されます。あとは，リニエンシー（減免制度）という特別の制度が
あって，違反していたことを公正取引委員会に申し出て，調査に協力すること
で，課徴金の額を減らしてもらえる，ということを知っていれば，通常の知識
としては十分です。

　　　△ここから後の説明は，特に必要な人以外はスキップしてかまいません。

　課徴金の金額の算定は，算定基礎（違反行為による売上額または購入額）に，算
定率（原則10％，中小規模の場合4％）を乗じる，という計算式を基本としてい
ます（7条の2）。そこに，リニエンシー制度やその他の多くの工夫が付け加え
られています。

POINT

課徴金額 ＝（算定基礎 × 算定率 ＋ 談合金等）× 加算・減免率
「算定率」は，原則10％（中小規模の場合4％）

　POINT の算定式にある，「算定基礎」と「談合金等」については(2)で，「加
算・減免率」については(3)で解説します。
　なお，事業者団体についても，不当な取引制限にあたる8条1号違反につい
ては，8条の3で読み替えて適用されます。

(2)　算定基礎

　通常，課徴金の算定には，違反行為の対象となった市場における売上額また
は購入額に，算定率を乗じます。(1) POINT の算定式では，算定率を乗じる額
を「算定基礎」と呼んで，違反行為による違反市場における売上額または購入
額だけでなく，もう少し対象を広げています（7条の2第1項）。

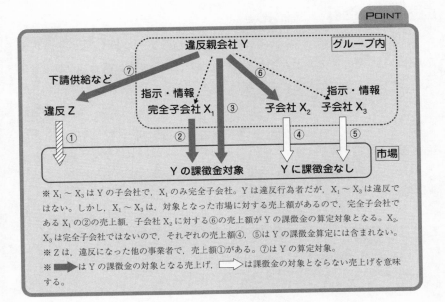

※ $X_1 \sim X_3$ は Y の子会社で，X_1 のみ完全子会社。Y は違反行為者だが，$X_1 \sim X_3$ は違反ではない。しかし，$X_1 \sim X_3$ は，対象となった市場に対する売上額があるので，完全子会社である X_1 の②の売上額，子会社 X_2 に対する⑥の売上額が Y の課徴金の算定対象となる。X_2，X_3 は完全子会社ではないので，それぞれの売上額④，⑤は Y の課徴金算定には含まれない。

※ Z は，違反になった他の事業者で，売上額①がある。⑦は Y の算定対象。

※ ➡ は Y の課徴金の対象となる売上げ，⇨ は課徴金の対象とならない売上げを意味する。

例えば，図の違反行為者 Y ついては，従来だと，自身の③の売上額のみを基礎として課徴金額を算定していたのが，2019（令和元）年改正により，②③⑥⑦を合計した売上額を基礎として課徴金を算定することになりました（7条の2第1項1号〜3号）。

また，違反行為者自身には，直接的には，違反行為による違反市場における売上額または購入額に当たるものがない場合でも，完全子会社など一体とみられる会社に指示して行動させ，これらの会社に売上額または購入額があるなら（図の②），それを算定基礎として課徴金を課します。また，違反市場における売上額または購入額でなくても，違反行為に密接に関連する取引額があれば（図の⑦），それも算定基礎に加えます。

さらに，算定基礎ではありませんが，談合などに協力することで謝礼などの利益（談合金等）を得ていた場合には，算定率を乗じないで，その談合金等を全額，課徴金として徴収します（同項4号）。

もちろん，Y とは別の違反行為者 Z に対しても，売上額①について課徴金が課されます。

(3) 加算・減免

不当な取引制限（カルテル・入札談合）に対する課徴金については，違反行為を効率的に発見して処理するため，公正取引委員会の調査に協力した事業者に，課徴金を免除したり減額したりする制度（リニエンシー）があります。例えば，まだ発覚していないカルテルや談合を最初に通報した場合には，課徴金が全額免除になりますし，2番目以降に通報した場合でも減額が認められます。さらに，調査に対する協力度合いによって追加で大きな減額が認められます。

逆に，主導的な役割を果たした場合と，繰り返し違反行為をした場合には，課徴金額を5割加算，両方にあたるなら2倍にする制度もあります。

POINT

加算（7条の3）
- ・10年以内の繰り返し　1.5倍（1項）
- ・主導的役割　1.5倍（2項）
- ・上の両方に該当　2倍（3項）

減免（7条の4）
- ・自主申告・協力による減免率（リニエンシー）

調査開始	申請順位	申請順位減免率	協力度合いによる減算率
前	1位	全額免除	
	2位	20%	+ 最大40%
	3〜5位	10%	
	6位以下	5%	
後	最大3社※	10%	+ 最大20%
	上記以下	5%	

※事前と合計で5位まで

刑事罰（罰金）との併科
- ・罰金額の半額を課徴金から控除（7条の7）

⇒100頁
(1)の **POINT** にある算定式の「加算・減免率」については，全額免除なら「× 0」，20%減額なら「× 0.8」，5割加算なら「× 1.5」といった具合に適宜読

み替えて，加算・減免率に入れてください。

　違反行為者に更なる調査への協力を促し，真相解明を進めるため，調査にどれだけ貢献したかを評価して課徴金額を減額させる制度が導入されています。アメとムチですね。

　課徴金の減免制度は，違反行為者の自主的な申告や調査協力に役立っています。年によってばらつきがありますが，年間数十件から 100 件を超える報告があるようです。

第4章

企業結合

　会社は自ら売上げを伸ばして規模を大きくすることもあれば，他の会社と「くっついて」売上げや規模を大きくすることもあるでしょう。

　もしかすると，読者のみなさんが就職活動を行う会社や今働いている会社も，他の会社とこれまでに何度か「くっついて」きた歴史を持っているかもしれません。そして，近い将来に他の会社と「くっつく」かもしれません。

　ここでは，会社同士が「くっつく」場合（企業結合）に対して，独占禁止法がどのような役割を持っているのかを考えていきます。

1 合併と競争

1 競争者がくっついて独占になったら──────●

とあるカフェ。店長と店員のやりとり。

店員A：お店のBGMを契約しているX社から，お知らせの郵便が来てますよ。大手のY社に合併されるそうです。

店長：業務用の音楽配信サービスは，XとYの2社しかないから，これでYの独占になるなあ。

店員B：私もスマホで契約してますけど，ネットで定額聴き放題のサービスが，いっぱいあるじゃないですか。そっちを契約して，スピーカーにつないで流せばいいんじゃないですか？

店長：それやったら，著作権法違反で訴えられるよ？ 個人用と業務用とでは，契約が違うんだよ。業務用のサービスはXとYだけで，契約更新時期に料金を比べて選んでたんだが，これからは選べなくなるなあ。

店員A：とりあえず，現在のX社との契約は，そのままYに引き継がれるそうです。

店長：契約更新時にはどうなるかわからんな。競争はなくなるから値下げすることはないだろうし，料金を比較して選ぶなんてこともなくなるわけだ。もしかしたら，相手は独占だから，値上げしてくるかもしれないよ。

店員B：合併で独占になるんだったら，独占禁止法で違反になるんじゃないですか？

2 なぜ企業は合併するのか──────────●

1の会話では，合併で独占になると，値上げされるのでは，という心配をしていました。合併を繰り返せば，競争者の数が減って，最終的には独占になります。独占になれば，通常は市場の価格が上がる可能性が高くなります（第1章1・4参照）。独占禁止法は，市場の価格を人為的に左右できるようになる⇒7頁（つまり，市場支配力を形成する）こととなるような合併を禁止しています。

他方で，ニュースでは，「両社が合併することでスケールメリットを生かした業務効率化が可能となる」，「世界のライバルと闘うには，両社が統合して，

両社の持つネットワークや強みを相互に活用し，ビジネスの効率化を図ることが必要である」といった壮大な話を聞くことがあります。会社を大きくすれば，会社はもちろん，そこで働く従業員や商品やサービスの利用者にとっても，業績向上，新商品の販売，価格低下，品質向上といった様々な恩恵があるかもしれません。その結果，効率化により競争が促進されるなら，社会にとっても良いことです。ただ，こういった良い結果は，経営者の目論見通りに達成できることもあれば，目論見が外れることもあります。

　独占禁止法は，経営者の目論見とは別に，市場における競争が維持されるよう，合併などの様々な企業同士のつながりに注意を払っています。合併だけではなく，株式を取得することで子会社や兄弟会社になれば，会社としては別個のままでも競争はしなくなりますよね。会社を丸ごとくっつけるのではなく，一部分を切り離してくっつける方法もあります。このような企業同士のつながりを形成する行為を総称して，「企業結合」と呼んでいます。

　企業結合は，すべてが禁止されるわけではありません。実際に，世の中では多くの合併や，株式の取得が行われていますね。多くの企業結合は，市場支配力を形成するほどの規模ではなく，むしろ競争力を強化して，市場における競争を促進する可能性があります。独占禁止法が禁止する対象としては，市場の競争に悪影響が出そうなほど大規模な企業結合をイメージしてください。

法律と制度の基礎知識

1　条　文

　企業結合規制に関する条文は，独占禁止法の第4章に規定されています。

　合併（15条）のほか，株式取得（10条・14条），役員兼任（13条），共同新設分割・吸収分割（15条の2），共同株式移転（15条の3），事業譲受け（16条），包括規定（17条。脱法行為の禁止）が規定されています。これらの条文には，共通する要件があります。それぞれの規定の構造を整理すると，次のようになります。

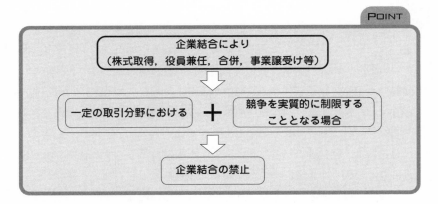

企業結合により
（株式取得，役員兼任，合併，事業譲受け等）

一定の取引分野における ＋ 競争を実質的に制限する
こととなる場合

企業結合の禁止

　行為要件は，合併や株式の取得などです（これらは，会社法で規定される結合方法に対応していますが，抜け穴をふさぐために包括規定も用意されています）。

　いずれの方法によるにせよ，「一定の取引分野における競争を実質的に制限することとなる」企業結合が禁止されます。

　もう1つ，「不公正な取引方法により」企業結合を行う場合も禁止対象となります。拘束条件，優越的地位の濫用，内部干渉などの不公正な取引方法（第5章参照）により，取引相手の株を取得して支配下に組み入れるような行為が想定されますが，実例はほとんどないので，本書では省略します。

市場集中規制と一般集中規制

　企業結合規制には，2種類あると言われています。「市場集中規制」と「一般集中規制」です。ただ，現在の実務での議論は市場集中規制がほとんどです。一般集中規制については，簡単に確認するだけにしましょう。

　独占禁止法の第4章にある規定のうち，9条（事業支配力の過度の集中）と11条（銀行や保険会社による議決権取得等）は，「一般集中規制」に分類されます。一般集中規制とは，国民経済や産業全体において特定の企業や企業グループの経済力が集中することに対する規制です。

　一般集中規制の背景には，日本の戦前・戦後の経済社会との密接な関係があります。社会科や日本史で，「財閥解体」という言葉を聞いたことがありませんか。戦後の日本に対する占領政策の1つとして，戦前と戦中において財閥が日本経済を支配していたことに懸念を持ち，経済民主化の達成と財閥復活の

阻止の役割を，独占禁止法に担わせました。1947（昭和22）年に制定された最初の独占禁止法には，持株会社設立の禁止（旧9条）や金融会社による株式保有の規制（11条）といった規定が定められました。これらの規定によって，特定の企業や金融業者を中心とした企業グループが，国民経済や産業全体を支配することを防止しようとしたのです。

　その後，日本経済が体験した不況や経済の国際化を通じて，企業や産業の再編についても柔軟に考えなければならなくなりました。結果，例えば，1997（平成9）年の改正で持株会社の設立が原則として解禁される等当初の規制の姿とは大きく変わりました。しかし，特定の企業や金融業者が日本経済全体として見て事業支配力を過度に集中することを防止する必要は今もあります。一般集中規制の目的は，市場集中規制のような特定の市場における競争への悪影響の可能性を問題として考えるというよりは，経済社会全体から見た競争が行われるための土台を築くことで競争を適切に機能させることにあります。

　ただ，現在の実務は市場集中規制がほとんどですので，一般集中規制の解説はこの程度にしておきます。

Column ⑳　くっつけ方（企業結合の方法）いろいろ

　企業結合には，いろいろな方法があります。イメージのためにいくつかのパターンを紹介しておきます。

　ここでは，X事業とY事業を営むA社と，Y事業とZ事業を営むB社とがくっつく場合を考えましょう。例えば，X事業は化学，Y事業は医薬品，Z事業はバイオなどをイメージしてください。A社とB社は，Y事業で競争関係にありますが，これを統合する方法にはいろいろな方法があります。

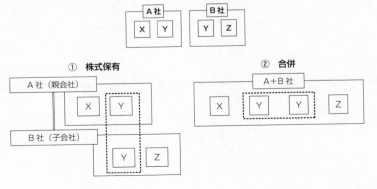

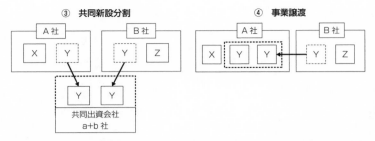

③ 共同新設分割　　　　　　　　　④ 事業譲渡

　イメージ①は，株式取得により親子会社になる，というものです。別会社のままですが，競争関係にあったY事業での競争はなくなり，協力関係を形成します。役員兼任は，株式保有をベースに行われるのが通常です。図とは異なりますが，共通の親会社の下で兄弟会社になることもあります。持株会社を作るときには，共同株式移転という方法を使うこともあります。

　イメージ②は，A社とB社が合併して，A＋B社になります。片方が吸収合併される場合もあれば，対等合併の場合もあります。合併以外の方法として，事業の全部を譲渡する場合（事業譲受け）や，事業の全部を会社分割して吸収する場合（吸収分割）もあります。

　イメージ③は，A社もB社もY事業を切り離して，Y事業だけまとめた共同出資会社のa＋b社にする場合です。他にも，Y事業だけをまとめた新会社をA社とB社のどちらか一方の子会社にする場合もあります。このような会社分割（共同新設分割）の他に，事業譲渡（事業譲受け）や，株式取得による場合もあります。

　イメージ④は，B社がY事業を切り離して，A社にくっつける場合です。これも，事業譲渡（事業譲受け）と，会社分割（吸収分割）とがあります。

　以上のように，どのような方法でくっつくかによって適用される条文が変わってきます。条文選択が行為要件の認定で，競争に対する悪影響の分析と評価が効果要件の認定にあたる作業です。A社とB社が，会社法のどの方法でくっつくか，によって決まります。どの条文でも，効果要件は共通しています。以下では，典型的な結合方法として合併をイメージして説明しますが，その他の結合方法であっても同じように考えるものとして読み進めてください。

2 企業結合を規制する理由──────────●

　企業結合にも，いろいろなタイプがありますが，市場の競争に悪影響が生じる可能性が高いタイプから見ていきましょう。例えば，競争者同士のA社とB社が合併する場合を考えてみましょう。

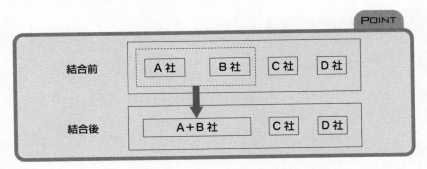

　A社とB社の合併によって，両社がビジネスを行っている市場では競争者の数が減ることになります。完全な独占でなくても，競争者の数が減少すれば，その市場の競争がそれまでより減りそうな予感がします。もしそうなら，完全な独占でなくても，競争者の数の減少が，市場の構造を非競争的に変化させ，その結果として，市場の競争に悪影響が生じる可能性を検討しなければなりません。

　ここで検討する市場の競争に悪影響が生じる可能性とは，A社とB社の企業結合により誕生する新会社A＋B社が，市場においてさらに大きな市場シェアを持ち，その結果として，市場全体の供給量を左右できるほどになり，市場の価格を引き上げることが可能となるような状況を考えています（第1章2・4, ⇒21頁
⇒25頁
3・1参照）。

　このような競争者間の企業結合を，**水平型**企業結合といいます。競争者が減り通常は市場シェアが大きくなることから，競争への悪影響が出やすい型です。以下の説明では，主としてこの水平型企業結合をイメージして解説します。その後で，取引相手と結合する**垂直型**企業結合，競争関係にも取引関係にもない⇒134頁 ⇒137頁
混合型企業結合を取り上げます（3・3(3)および(4)）。

⚠ 次の **3** は実務的内容なのでスキップして，「**3** _{⇒115頁} 審査の手順と考え方」へ進んでも
かまいません。

3 企業結合を公正取引委員会に届け出る─────────●

┃ **(1) 事前届出・事前審査制** ┃

　企業結合規制は，これまでの「私的独占」，「不当な取引制限」，「不公正な取
引方法」の条文にはない特徴を持っています。それは，一定の売上高を超える
企業を含む企業結合については，事前に公正取引委員会に届け出なければなら
ない制度です（例えば，10条2項等）。

　なぜ，このような制度が独占禁止法の企業結合規制に用意されているので
しょうか。

　もし，公正取引委員会が，合併が完成した後になって，「独占禁止法に違反
する合併だったから，会社組織や店舗，さらに取引先を合併前の状態に戻しな
さい」と命令したらどうなるでしょうか。合併をした会社はもちろん相当な痛
手を被りますし，取引先も困るでしょう。その他にも，いろいろな所に悪影響
が発生しそうです。そうならないように，独占禁止法は，事前届出・事前審査
制を採用しています。公正取引委員会は，合併などの企業結合が実際に行われ
る前に，その企業結合が行われると競争にどのような問題が生じるかを予想し
て，禁止するかどうかを判断するのです。

　届出しなければならない企業結合は，それぞれの規定にあるような大きな国
内売上高のある企業同士の企業結合だけです。この国内売上高基準より小さい
企業結合の場合には，届出義務はありません。

　独占禁止法の条文には規定されていませんが，企業結合ガイドライン[1]（は
じめに）では，届出基準に当てはまらない企業結合に対しても審査を行う場合
があることを示しています。そして，公正取引委員会に相談することが望まし
い企業結合の特徴について，「相談基準」（TERM _{⇒114頁} 参照）を示しています。この
ような対応は，昨今の様々なデータ等価値の高い資産を取り扱う会社の経済社
会における重要性を根拠にしているようです。例えば，まだ設立されたばかり

の新しい会社が大きな会社に合併されるような場合，新しい会社は届出基準には達していないけれども，その合併の際に支払われる金額がかなり大きい場合等が考えられます。公正取引委員会は，将来的に自社のライバルとなる可能性がある新しい会社を早めに内部に取り込み，競争の可能性を消してしまうような行動にも注目しています。もちろん，このような企業結合が常に競争に悪影響を与えると考えているわけではありません。

　まれな例ですが，近年，「届出基準」や「相談基準」にも当てはまらない企業結合が審査されたことがあります[2]。

(2)　届出基準

　会社を丸ごとくっつける場合と，一部を切り離してくっつける場合とで，売上高の基準が異なります（次の POINT 参照）。合併や株式取得なら(a)です（**1 Column ⑳の①②**）。
⇒109頁
事業譲渡や会社分割などについては，全部をくっつける場合は(a)で，一部分を切り離してくっつける場合（**1 Column ⑳の③④**）は，(b)〜
⇒109頁
(d)のいずれかとなります（条文が複雑なので，POINT にまとめて示しておきましたが，この数値を覚える必要はありません。必要になったら確認してください。経済状況が変化すれば，数値は改正される可能性があります）。

---

note

①　「企業結合審査に関する独占禁止法の運用指針」（平成 16 年 5 月 31 日）。
②　令和元年度企業結合事例 8「エムスリー㈱による㈱日本アルトマークの株式取得」。

原則
 （a） 全部＋全部　　　　国内売上高合計 200 億円超
　　　　　　　　　　　　　＋ 国内売上高合計 50 億円超
 （b） 全部＋重要部分　　国内売上高合計 200 億円超
　　　　　　　　　　　　　＋ 対象部分国内売上高 30 億円超
 （c） 重要部分＋全部　　対象部分国内売上高 100 億円超
　　　　　　　　　　　　　＋ 国内売上高合計 50 億円超
 （d） 重要部分＋重要部分　対象部分国内売上高 100 億円超
　　　　　　　　　　　　　＋ 対象部分国内売上高 30 億円超
例外（16 条）
 （a'） 全部＋全部　　　　国内売上高合計 200 億円超
　　　　　　　　　　　　　＋ 対象部分国内売上高 30 億円超
※同一企業結合集団内（親子・兄弟会社）の再編は届出不要
※株式保有は，議決権の 20％を超えるとき（10 条 2 項）と，50％を超える
　とき（政令）に届出

　これらの国内売上高基準を満たさない企業結合に届出義務はありません。通常，問題となることはありませんが，重要な案件については届出義務はなくても審査対象となる可能性がないわけではないようです。

TERM

届出前相談
　公正取引委員会は「企業結合審査の手続に関する対応方針」を公表しており，企業結合を計画している会社は，届出前相談という制度を利用することができます。企業結合の届出を予定している会社としては，企業結合を行うスケジュールを考えて，できる限り届出に関する書類等にミスがないこと，また，公正取引委員会が自社の予定している企業結合にどんな考えを持つのかを，少しでも把握しておきたいはずです。そして，公正取引委員会としても，いきなり届出が行われてゼロから審査等を行うよりも企業結合の情報を事前に少しでも得られるという利点もあるかもしれません。

３ 審査の手順と考え方

企業結合規制の各条文は，行為要件はそれぞれ異なりますが，効果要件は共通でした。「一定の取引分野における競争を実質的に制限することとなる」という効果要件について，その意味と考え方を見ていきましょう。ここでは，公正取引委員会が公表している企業結合ガイドラインを基本に見ていきます。

企業結合ガイドラインでは，次のような順序で企業結合規制を説明していますが，どのように市場における競争への影響を考えていくのか，という視点が大事です。図の左側の **1 ～ 3** は，本項で扱う見出し番号を示しています。

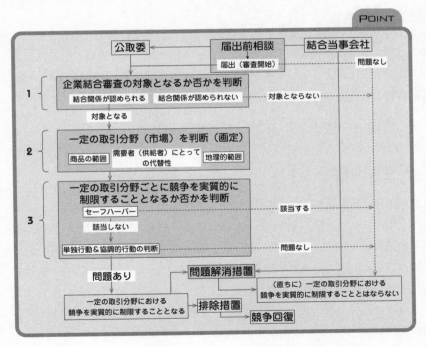

1 審査対象の絞り込み（結合関係の認定）

これまで競争してきた競争者が合併すると，それまで独自の意思決定によっ

て活動していたのが，統一された組織と意思決定の下で活動することになり，その分の競争がなくなると考えられます。企業結合の規制は，競争者の数の減少が競争に悪影響を及ぼす可能性に注目します。

つまり，複数の会社が行ってきた異なるビジネス上の意思決定が一体化され，競争に影響があると考えられる場合が，独占禁止法の審査を必要とする企業結合となります。合併であれば2つ以上の会社が丸ごとくっついて1つになるので，それらが一体化するのは当然です。他方で，株式取得などの場合には，単なる投資の場合もありますし，少数株主なら意思決定に影響を与えることも通常はないと考えられますので，一体化されるような「結合関係」がある場合だけ審査の対象となります。

企業結合ガイドライン（第1）では，結合関係とは，複数の会社が一定程度以上に一体化して事業活動を行う関係，と定義しています。一定程度以上に一体化したという状況は，競争者の事業活動に対して相当の影響を与えるということです。株式取得の場合，株式（議決権）の50％以上，または，20％以上で単独1位となる場合，という例が示されていますが（同ガイドライン・第1・1），実際の判断は複数の会社が一体化するかどうかの実態を見てなされます。

2　市場（一定の取引分野）の画定────────────●

│ (1)　市場の切り出し方 │

結合関係が認定されると，次に，競争に悪影響が生じる可能性のある市場として「一定の取引分野」を特定しなければなりません。私的独占や不当な取引制限の定義規定（2条5項・6項）にも同じ要件が定められており，「市場画定」と呼んでいましたね（第1章3・1(5)参照）。⇒30頁市場の範囲をどこまでで画定するかによって，市場シェアの数値が影響を受けます。

企業結合ガイドライン（第2）では，一定の取引分野を，競争している商品等の範囲と，競争している地理的な範囲に分けて考えています。一般的には，前者を「商品市場」，後者を「地理的市場」と呼んでいます。そして，それぞれの市場の決定には，「需要者にとっての代替性」，また，必要に応じて「供給者にとっての代替性」が判断基準として用いられています（以下では，それぞれ，

「需要の代替性」,「供給の代替性」とします)。この需要者と供給者については, 製造業者, 卸, 小売, 一般消費者といった取引段階を意識するようにしてください。なお,「商品市場」と呼んでいますが, 役務(サービス)も商品と同じように市場が画定されます。以下では, 商品とだけ表記されていても, 役務(サービス)の場合も含まれていると考えてください。

(2) 商品市場

(a) 需要の代替性

類似の商品がたくさんある場合, どの範囲で1つの市場とするべきか, 迷うことがあります。ここでは, まず, 実例を見てイメージしてみましょう。

ペットフードの大手メーカーであるM社が, 同じくペットフードメーカーのP社との合併を計画したとしましょう[3]。ペットにもいろいろあるし, ペットフードにも, いろいろな種類がありますね。どのように考えて, 市場を画定すればよいのでしょうか?

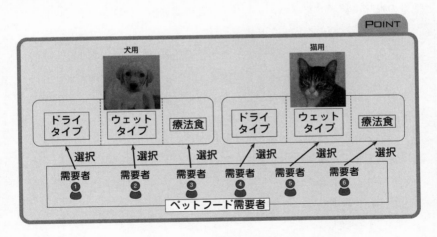

思考過程をイメージしながら追ってみましょう。

M社とP社が, お互いにペットフードを製造販売しているため, ペット

note
[3] 平成26年度企業結合事例2「リッジバックアクイジションエルエルシーによるプロクター・アンド・ギャンブル・ジャパン㈱の事業譲受け」。

フード全体が市場となるようにも思えます。でも，需要者の視点からはどうでしょう？

M社とP社が製造する「ペットフード」には，①犬用と猫用があります。そして，犬用と猫用のそれぞれについて，②形状の違いからドライタイプとウェットタイプがあります。③価格帯や用途の違いから，一般用・プレミアムフード・療法食があり，④特に療法食と前2者を分けて考えます。

① メーカーは，犬と猫の成長のための栄養や味の嗜好から犬用・猫用別々に開発販売していますし，消費者（需要）者は両者を買い分けていますので，両者は別の市場となります。

② 消費者は，大袋の単価的に割安なドライタイプを主に使い，また，少量の風味に特徴のあるウェットタイプとの間で使い分けを行っていますので，両者は別の市場となります。

③ プレミアムフードは，メーカーが価格や品質の観点から高級品・嗜好品として位置付けて開発販売していますが，消費者は一般用と使い分けながら「適宜」両方を購入していますので，価格や状況によって消費者が両者を代替品として考えているとも言えます。一般用とプレミアムフードを別の市場と考える必要はありません。

④ 療法食は，動物病院を主な需要者としていますが，消費者は，特定の疾患に対する食事として一般用・プレミアムフードとは分けて購入する状況にありますので，両者は別の市場となります。

　公正取引委員会は，商品市場について，**POINT**の図のように，「需要者1」から「需要者6」に分かれた需要者群に応じて，6つのペットフードについて別個の商品市場を画定しました。

　需要の代替性の考え方は，「わたし」＝需要者（買い手）にとって，「この商品でなければだめで，よく似てはいるが別の商品では満足しない」，「よく似た

別のこの商品ならば購入してもかまわない」というように，企業結合の対象となっている商品について，どこまで「わたし」にとって「同じまたは類似」の商品と評価できるのか，といった視点で代替性を考えてみるとよいでしょう。ただし，「わたし」個人だけだと，特殊な嗜好や偏ったこだわりを持つ人もいるので，市場画定の際には，個人的な好みだけで判断せず，一般的な「需要者群」として考えるようにしてください。そこで，企業結合ガイドラインでは，「SSNIP テスト」という客観的な測定方法を採用しています。

SSNIP テスト

　なぜ需要の代替性を見る必要があるのでしょうか？　一定の取引分野は，市場を意味し，競争者は市場の中で競争しています。つまり，客から見て選択肢に入らなければ競争者になりませんし，競争者であるなら市場の中にいます。例えば，商品市場であれば，競争している商品について客から見てどこまでが選択肢に入るか，を判断します。企業結合ガイドライン（第 2・1）では，市場の範囲の画定について，次のような考え方を説明しています。

　商品 A だけで商品市場を画定できるか，考えるとしましょう。仮に商品 A の供給を独占している Y がいるとします。Y が，商品 A について，「小幅であるが，実質的かつ一時的ではない価格引き上げ」（5 ～ 10％，1 年間が一応の目安）を行った場合に，それまで商品 A を購入していた人たちが，商品 A を買うことをやめて価格据え置きの別の商品 B を買うようになるかどうか，を見ます（例えば，あんパン〔商品 A〕とクリームパン〔商品 B〕で想像してみてください）。もし，多くの購入者が商品 B を購入するようになると，商品 A の値上げは Y の利益にならず値上げできません。つまり，商品 A は商品 B との間に需要の代替性があり，この 2 つは同じ市場の中で競争していたのだ，ということが判明したのです。したがって，商品市場の範囲は，商品 A と商品 B の両方を含むはずだ，ということになります。そして，さらに，仮に商品 A と商品 B を独占している Y がいるとして再度同様のテストをし，必要なら追加で商品 C や商品 D を加えながら，値上げが Y にとって利益となる場面まで同様のテストを繰り返します。最終的に値上げしても需要者がほとんど他の商品に逃げず利益が増大する場合に，その範囲が 1 つの市場として画定されます。

　この市場画定の方法は，「仮想独占者テスト」や「SSNIP（スニップ）テスト」と呼ばれています。SSNIP は，「小幅であるが，実質的かつ一時的ではない価格引き上げ」の原語「Small but Significant and Non-transitory Increase in Price」の頭文字です。この考え方は，供給の代替性や地理的市場の画定の際にも，応用することができます。

実際の公正取引委員会による市場画定は，この考え方どおりにすべての商品についてシミュレーションしているわけではなく，この考え方を念頭に置きつつ，様々な事実を総合して市場画定しているようです。また，必要に応じて，統計的分析を含めた経済分析も行って，市場を画定しています[4]。

(b)　供給の代替性

　供給の代替性は，ある商品が値上がりした際に（10％程度を想定），別の商品の供給者が，多大な追加的費用やリスクを負うことなく，短期間（1年以内を目途）のうちに，別の商品から値上がりした商品に製造・販売を転換する可能性の程度を見ます。

　例えば，あんパンを作っていた工場で，設備はほぼそのままで，クリームパンの製造に切り替えることができるような場合を想像してください。

　実際の事例だと，包装餅の大手メーカーであるS社が，同じく包装餅メーカーのK社との合併を計画し，通常の餅とお正月に飾る鏡餅をまとめて1つの商品市場とすべきか，が問題になった事例があります。公正取引委員会は，確かに鏡餅は季節的なものであり，通常の餅とは需要の代替性が低いものの，メーカーは容易にどちらでも製造できることから，供給の代替性も考慮して，鏡餅を含めた包装餅を商品市場として画定しました[5]。

TERM

一定の「取引」分野

　製造業者が，自分で消費するために製造する「中間部材」と呼ばれるものがあります。例えば，製鉄会社が，鉄を溶かして成分調整した「粗鋼」と呼ばれる物質です。鉄鋼業界で，どの製鉄会社が第1位か，というような製鉄会社の規模を比べる場合には，どれだけ鉄を溶かして鉄製品を作ったか，ということに着目します。なので，いろいろな鉄製品に加工される前の銑鉄や粗鋼の生産実績で，製鉄会社の規模を比較します。

---

note

[4]　平成27年度企業結合事例9「㈱ファミリーマートとユニグループ・ホールディングス㈱の経営統合」・公取委平成28年6月8日報道発表（百選50事件）参照。

[5]　平成26年度企業結合事例1「佐藤食品工業㈱による㈱きむら食品の包装餅製造販売事業の譲受け」。

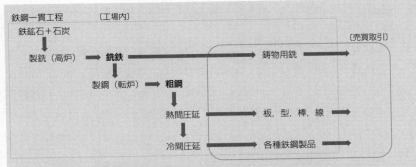

鉄鋼一貫工程　　〔工場内〕

鉄鉱石＋石炭

製銑（高炉）　➡　**銑鉄**　➡　　　　　　　　　　　鋳物用銑　➡

〔売買取引〕

　　　　製鋼（転炉）　➡　**粗鋼**

　　　　　　　　熱間圧延　➡　　　　　　板，型，棒，線　➡

　　　　　　　　冷間圧延　➡　　　　　　各種鉄鋼製品　➡

　銑鉄のごく一部が鋳物用銑として販売されますが，ほとんどは成分調整され粗鋼になります。そして，「鉄は熱いうちに打て」のことわざ通り，粗鋼は熱いうちに各種製品に加工されます。粗鋼は「取引」されておらず，自分で別の製品に加工するのに使って消費してしまっています。「取引」は，簡単に言うと「売り・買い」のことですね。売り・買いされるのは粗鋼から加工された後の鉄製品，例えば，建設用の鉄骨，各種の鉄板，鉄道用レールなどといった個別の製品です。一定の取引分野（市場）を画定する場合，粗鋼生産実績ではなく，個別の鉄製品ごとに商品市場を画定します（したがって，上の図の〔売買取引〕で囲っている中に個別の商品市場が商品ごとに多数成立します）[6]。製鉄会社によって得意分野が違うので，鉄鋼業界で第1位の最大手が，特定の商品市場ではそれほどのシェアがないとか，その逆に小規模な製鉄会社が特定の商品市場では圧倒的な市場シェアを持つこともありえます。

(3)　地理的市場

(a)　需要の代替性

　地理的市場についても，商品市場の画定の場合と同じように，需要者が購入する地理的な範囲を見ていきます。つまり，需要者がどの程度遠くまで買い回るか，という範囲に基づいて評価します。

　例えば，2つの家電量販店の間で合併が計画されたとします。この2つの家電量販店の店舗が立地する地域を考えます。一般的に，特定の地域に所在する合併を計画した家電量販店の店舗（地域店舗）は，隣接する家電量販店（特定店

---

note

[6]　新日鉄合併事件・公取委同意審決昭和44年10月30日審決集16巻46頁（百選45事件），平成23年度企業結合事例2「新日本製鐵㈱と住友金属工業㈱の合併」公取委平成24年6月20日報道発表（百選46事件）。

舗）を意識した競争を行っているでしょう。この競争が行われている範囲を商圏と言います。

　公正取引委員会は，この商圏を決めるために，家電量販店一般に対するヒアリング等に基づいて，それぞれに頻繁に来店する消費者が居住している地理的な範囲（言い換えると，消費者が買い回る範囲）を店舗から半径10キロと判断し，地理的市場を画定した事例があります[7]。この距離は，家電量販店の場合であって，コンビニエンスストアやスーパー等の他の業態の場合には異なる可能性があります。

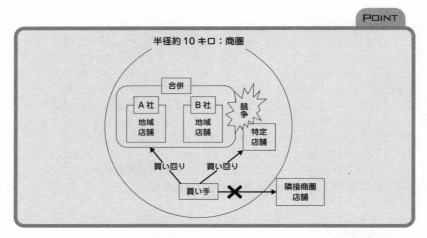

　また，需要者が，一般消費者なのか，小売業者などの事業者なのか，によっても，範囲が異なります。一般消費者は生活圏の周辺でしょうが，小売業者などの流通業者であれば全国から仕入れることもあるでしょう。製造業者が原材料を仕入れる場合には，海外も含む世界全体が地理的市場になるかもしれません。企業結合を行う会社の需要者や取引段階の特徴を意識して，市場画定をする必要があります。

note
[7]　平成24年度企業結合事例9「㈱ヤマダ電機による㈱ベスト電器の株式取得」。

世界市場

　企業結合ガイドライン（第2・3⑵）では，国境を越えた地理的市場の可能性を認めています。内外の需要者が内外の供給者を差別することなく取引しているような場合に，「世界市場」あるいは「東アジア市場」のような地理的市場の画定の可能性を示しています。

　実際に世界市場が認定された事例としては，半導体メーカー間の企業結合の事例があります[8]。主要な半導体メーカーは，世界規模で価格差なく供給しており，輸送費用も安く，世界中の需要者が世界中の半導体メーカーから容易に調達でき，実際に世界中から大規模に購入していました。

　単に輸入があるというだけでなく，「内外無差別」の取引実態が必要です。

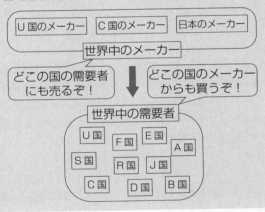

⑼　供給の代替性

　隣の地域から，競争者が，店舗獲得など大きな追加的費用を必要とせずに問題となっている地域に参入してくるような場合，この隣の地域も同じ地理的市場に含まれることになります。例えば，関東での商品等の値上げがあると，その商品等を製造している東海や東北の競争者が，関東で販売を始めるような場合が考えられます。

---

note
⑧　平成21年度企業結合事例6「NECエレクトロニクス㈱及び㈱ルネサステクノロジの合併」。

Column ㉑　デジタル・プラットフォームと市場画定

　　ネット上のサービスの多くが，プラットフォームを介して提供されています。①私たちが日常無料で利用しているネット上のサービスを提供しているような会社同士の企業結合では，「一定の取引分野」を考えることができるでしょうか。②また，例えば，旅行サイト同士の企業結合では，ホテルと旅行サイトの間の取引，旅行サイトと消費者との取引，旅行サイトを通じたホテルと消費者との取引，といった複数の取引を考えることができますが，どこを「一定の取引分野」とすべきでしょうか。

　　①について，無料で提供されているサービスは，売買がないのに一定の「取引」分野として市場画定できるのでしょうか。SSNIP テストをしようとして，0円を 10％値上げした状態を考えようとしても 0 円のままですから。このような場合に，競争に悪影響が生じるかもしれない無料サービスの範囲をどのように画定すればよいのか，新たな枠組みが必要になっています。価格ではなく，無料動画の画質や量を低下させたり，利用できる無料サービスの範囲を狭くしたり，広告を増やしたり，また，無料サービス利用の際に入力しなければならない個人情報を増やしたりすることを用いて需要の代替性を見ることが考えられます。現時点では，品質低下や需要者への追加的な料金負担といった指標を基準にして市場を画定する，という考え方も登場し議論されています。

　　②について，旅行サイト等のいわゆるプラットフォームを運営する事業者の場合，ホテルや旅館等の宿泊業者と消費者という 2 つの異なる取引相手がいます。それぞれの取引相手を需要者として 2 つの「一定の取引分野」を画定することもできるでしょう。もっとも，旅行予約サイトやクレジットカード等の決済サービスといった 2 つの利用者（ホテルと消費者，店舗と消費者）の間を仲介し，一方の利用者の数が他方の利用者の数に大きく影響するような場合は，プラットフォーム上の取引自体を 1 つの「一定の取引分野」として，上記のそれぞれの「一定の取引分野」に重ねる形で画定する場合もあることが指摘されています（企業結合ガイドライン・第 2・1）。

3　判断材料と評価

　次に，画定した市場で競争に悪影響が出じる可能性があるか否か，を検討します。市場シェアは重要な判断要素ですが，市場シェアが大きいだけで必然的

に独占禁止法に違反するだけの悪影響が市場の競争に生じるわけではありません。最終的な判断をするためには，市場シェア以外にも多くの要素を加えて検討しなければなりません。

企業結合ガイドライン（第3・2）は，競争者間の結合を「水平型企業結合」，取引先との結合を「垂直型企業結合」，そのどちらでもない結合を「混合型企業結合」と呼び，それぞれに応じた分析をしています。

⚠️ 次の(1)は，専門的で複雑なわりに，実質的な判断には関連性が低いので，ス
⇒128頁
キップして(2)へ進んでもかまいません。

(1) セーフハーバー基準

あまり市場シェアが大きくない事業者の企業結合や，結合しても市場シェアがほとんど増えないような企業結合は，過去の経験から見ても，わざわざ取り上げて審査するまでもない，と判断できます。審査という荒波にもまれることのない安全な港，という意味で，「セーフハーバー」と呼ばれています。

POINT

HHI は，市場の競争者それぞれの市場シェアを 2 乗して合計したもの
計算の例
	A	B	C	D	E	F
市場シェア	30%	20%	20%	10%	10%	10%

HHI＝　　30x30 + 20x20 + 20x20 + 10x10 + 10x10 + 10x10 = 2000

結合前の HHI と，結合後の HHI を計算して，その増分も見る

セーフハーバー基準
・水平型
　①結合後の HHI が 1500 以下
　②結合後の HHI が 1500 超 2500 以下かつ HHI の増分が 250 以下
　③結合後の HHI が 2500 超かつ HHI の増分が 150 以下
・垂直型・混合型
　①すべての市場で結合後の市場シェアが 10% 以下
　②すべての市場で結合後の HHI が 2500 以下かつ市場シェアが 25%
　　以下

企業結合ガイドライン（第4・1(3)，第5・1(2)，第6・1(2)）は，HHI（ハーフィンダール・ハーシュマン・インデックス）という数値を用いて，企業結合前と企業結合後の値とその変化（増分）の基準を設けています。**POINT** に示された基準に達しない企業結合は，競争を制限することとなるとは通常考えられない企業結合として，審査対象から除外します。この基準の範囲内を，セーフハーバーとしています。

　HHI は，原則として，画定した市場の中の各会社が持つ市場シェアを2乗し，その数値を合計して算出します（HHI の数値が何を意味し，伝えようとしているのか，については，**Column ㉒**を見てください）。よくある誤解ですが，結合する会社だけではなく，競争者も含む市場のすべての会社それぞれの市場シェアを2乗して合計することに注意してください。結合前 HHI と，結合後 HHI の両方を計算して，その数値を比較します。

　気を付けたい点は，セーフハーバー基準は，公正取引委員会が，競争への影響を重点的に審査する必要のあるケースを絞り込むという機能を持つにすぎない，ということです。つまり，この基準の数値を超えるだけで独占禁止法違反になるわけではありません。セーフハーバーの基準を超える企業結合は，さらに詳しい分析が行われます（(2)以下参照）。

　ただし，近年では，セーフハーバーの基準の数値未満の場合であっても，データや知的財産権などで市場シェアに影響していないような重要な資産があれば，公正取引委員会は審査の対象とし，競争に与える影響の可能性を評価するとしています（企業結合ガイドライン・第4・1(3)(注5)）。

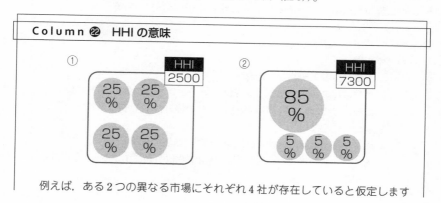

Column ㉒　HHI の意味

①　HHI 2500　25% 25% 25% 25%

②　HHI 7300　85% 5% 5% 5%

　例えば，ある2つの異なる市場にそれぞれ4社が存在していると仮定します

（図①・②）。

①の市場では，各社が均一に25％の市場シェアを有しているとします。この場合，HHIは次のようになります。

$$25^2 + 25^2 + 25^2 + 25^2 = 2500$$

②の市場では，1社が85％，その他の3社が均一に5％ずつ市場シェアを有しているとします。この場合，HHIは次のようになります

$$85^2 + 5^2 + 5^2 + 5^2 = 7300$$

4社という同じ数の会社が存在する2つの市場ですが，市場の競争状況の違いをHHIの数値から感じとることができるのではないでしょうか。

③
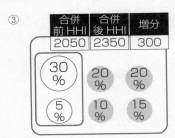

④
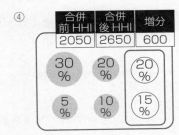

また，③と④の2つの市場では，6社の市場シェアの分布が同じ中で，企業結合を行う会社の合同市場シェアも同じ35％（市場シェア第1位）となっています。合併前の2つの市場のHHIは，次のとおりです。

$$30^2 + 20^2 + 20^2 + 15^2 + 10^2 + 5^2 = 2050$$

③の市場の場合は，30％と5％のシェアの会社が合併する場合です。企業結合後のHHIは，次のとおりです。

$$35^2 + 20^2 + 20^2 + 15^2 + 10^2 = 2350$$

④の市場の場合は，20％と15％のシェアの会社が合併する場合です。企業結合後のHHIは，次のとおりです。

$$35^2 + 30^2 + 20^2 + 10^2 + 5^2 = 2650$$

企業結合前の市場シェアの分布，そして，企業結合により同じ市場シェアとなる場合であっても，企業結合を行う会社が異なる場合，HHI自体の値と結合前後の変動も異なることが確認されます。

⑵ 水平型企業結合

「一定の取引分野における競争を実質的に制限する」というのは，需要と供給が自動的に調節され価格と数量が決まるという市場の機能が，自動的にではなく人為的に，誰かの意思で価格や数量が左右される，という状態です（第1章 3・1 参照）。
⇒25頁

競争者間の水平型企業結合の場合，企業結合により市場構造が非競争的に変化して，(a)単独で市場全体の価格を引き上げることができる力を獲得する等，というシナリオと，(b)協調により他の競争者と一緒に価格を引き上げることが容易になる，というシナリオを考えることになります。

POINT

水平型企業結合
（a）単独行動
　価格を引き上げる力（市場の価格を支配する力の形成）
　→ 値上げしても，多くの客が競争者のほうに逃げることはできず，
　　利益が増大する
　　　・生産・販売能力に格差，競争者の供給余力低い
　　　・輸入も急増しない，新規参入もありそうにない場合
　　　・競争者の商品との代替性が低い場合
　　　・購入者の交渉力も弱い場合 等
　イメージ
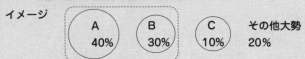

（b）協調的行動
　お互いの行動を予測
　→ 値下げして客を奪うより，協調して値上げするほうが得をすると
　　理解
　　　・少数の会社で市場が構成されている
　　　・過去にも協調的な行動をとったことがある
　　　・従来競争的だった C を取り込む 等
　イメージ
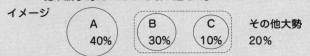

「こととなる」

　企業結合規制の各規定は，一定の取引分野における競争を実質的に制限する「こととなる」，という効果要件を定めています。「こととなる」とは，企業結合により，競争の実質的制限が必然ではないが容易に現出しうる状況がもたらされることで足りるとする蓋然性を意味するものである，と解されています（企業結合ガイドライン第3・1⑵）。ハードコア・カルテルだったら行為後なので価格引上げの事実を見て判断できますが，企業結合は事前届出・事前審査制なので，判断する時点では，まだ価格を引き上げるかどうかわかりません。なので，「こととなる」という蓋然性の程度で違法性を認定してよいという制度になっています。

(a)　単独行動（水平型）

　市場画定をして市場シェアを算出しました。結果，セーフハーバー基準にあてはまらない場合もでてきます。しかし，市場シェアが高いことだけでは違反にはなりません。では，市場シェア以外に何を見て，競争を実質的に制限することととなるか否かを判断するのでしょうか？　もちろん，市場シェアが高いことも重要な判断要素ですが，それだけではなく，これからどのような行動をとるようになるだろうか，ということを合理的に予測して判断するため，競争に影響を与えると考えられる材料は何でも使って分析して判断します。

　仮に，A社とB社が合併を計画しているとします。それぞれいくつもの種類の商品を製造していますが，両社の間で競合するのは，甲，乙，丙の3つの商品だったとします。

　合併により，甲市場では，市場シェア70％になり，圧倒的な第1位になります。しかし，新規参入が起こっています。また，海外から割安な製品が輸入されており，今後も増加しそうな状況だとします。

　丙市場では，同様に市場シェア70％で第1位になりますが，技術等が壁となり新規参入は期待できず，また，国内で使える品質を考えても海外からの輸入もない状況だとします。

　乙市場では，市場シェア70％になり，圧倒的な第1位になります。しかし，市場シェア30％の競争者C社がいて，製造設備を拡充しており，現在の2倍

まで増産できる能力（供給余力）があるとします。

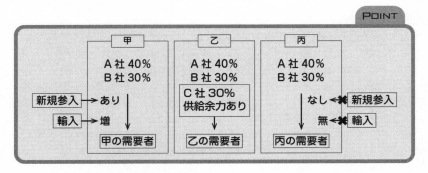

　まず見るべきは，結合後の新会社 A＋B 社が値上げしようとしたときに，それを抑制するような競争圧力があるかどうかです。例えば，競争者，新規参入，輸入について見ていきましょう。

　乙市場の C 社は，現在の 2 倍の生産量，つまり市場の供給量の 60％相当の生産能力を持つことが可能とされています。設備投資に要した費用を回収するためにも，増産して売らなければなりません。この状況で A＋B 社だけが値上げしたら，客の多くが C 社に奪われることになります。したがって，A＋B 社単独では価格を引き上げることはできないだろうと考えられます。

　同様に，甲市場では，新規参入と輸入の増加が，A＋B 社の値上げを抑制する可能性のある要因になります。

　他方で，丙市場では，A＋B 社の他は規模が小さく，A＋B 社の値上げを抑制できそうな競争者（「有効な牽制力ある競争者」などといいます）はいません。新規参入も見込みがなく，輸入もありません。この状況で A＋B 社だけが値上げした場合，他の小規模な競争者が十分な増産をできなければ，客は従来通り A＋B 社から買うしかありません。したがって，丙市場の状況は，甲市場や乙市場よりも A＋B 社が単独で価格を引き上げる力を形成する蓋然性が高い，ということがわかります。

　その他にも考慮すべき要素があります。例えば，取引先の方が交渉上優位に立っていて，値上げしたくてもできない，という場合です（需要者からの競争圧力）。また，仮に，経営破綻しそうな会社を吸収合併する場合は，ほうっておいても減ってしまう競争者ですから，消える前に吸収した方がよい場合もある

かもしれません。さらに，共同生産や共同研究開発などをするために事業を統合する，という場合には，費用削減により価格を下げたり，新しい製品を開発して市場に投入したりして，競争を促進する可能性もあります。

企業結合ガイドライン（第4・2）では，このように，競争に悪影響が生じる可能性があるかどうかを考えるための判断要素を列挙して，それぞれについて考え方を解説しています。最終的には，それら判断要素を総合的に評価して判断することになります。

(b) 協調的行動（水平型）

企業結合の当事会社でない残りの競争者は，企業結合による市場構造の変化にどのように対応するでしょうか？ 生き残りをかけて真っ向から勝負しようとするでしょうか，それとも，足並みを揃えて競争を回避しようとするでしょうか。

一般的には，競争者の数が少なく，供給余力が小さく，外部からの競争圧力（輸入や新規参入など）がない場合に，企業結合をする会社と残りの競争者とは協調的な行動をとりやすくなります。

次の事例は，企業結合を行う会社が，他の企業結合しない会社と協調して競争を回避しようとする可能性が指摘された事例です[9]（以下では，協調的行動のみに焦点を当てて紹介します）。

日本の航空業界では，A社，J社，S社の3社が，国内のほぼすべての航空路線で運航を行っていましたが，3社のうちJ社とS社が事業の統合を計画しました。その結果，それまで3社が競合していた路線では，新会社であるJ＋S社とA社の2社に競争者が減ることになります。

---

note

[9] 平成13年度企業結合事例10「日本航空㈱及び日本エアシステムの持株会社の設立による事業統合」公取委平成14年3月15日報道発表（百選47事件）。

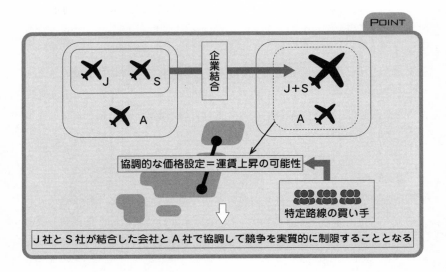

J社とS社の企業結合により競争者が減り，各路線の市場構造を非競争的に変化させ，航空運賃にどのような影響を与える可能性があるか，を考える必要があります。

まず，結合したことにより巨大化したJ＋S社が，市場価格を支配する可能性（単独行動）も考えられます。ただし，A社は，J＋S社と十分に張り合える規模の事業者です。A社は，J＋S社と競争し，積極的に運賃を引き下げるでしょうか？

確かに，そのような可能性も期待できます。その一方で，競争者が3社から2社に減ったこの路線では，2社の間で足並みを揃えやすくなった可能性もあります（協調的行動）。つまり，運賃を値下げせず，ますます同調的に運賃値上げをしやすい市場環境になったとも考えられます。

公正取引委員会は，企業結合を行う当事会社の競争者の数や市場シェアに加えて，次の2点を指摘しています。①航空業界では長い間，同一の国内路線の運賃はほぼ同じ価格で推移し，同調的な価格が設定されていたこと。②ある国内路線で競合する航空会社の数が少ない場合，それよりも航空会社の数が多い国内路線と比べて，運賃の各種の割引設定が少なく，その割引額も少なくなっていること。つまり，もともと同調的な行動をとっており，3社が競合する路

線よりも2社で競合する路線の方が実質的な価格が高い事実あったのです。そうすると，J社とS社の企業結合により，3社から2社に競争者が減ると価格が上がりそうだ，と考えるのが合理的です。

　公正取引委員会は，協調的行動により価格を引き上げ，一定の取引分野における競争を実質的に制限することとなる可能性を指摘しました。これまでの市場での競争状況や市場自体の特徴として，例えば，運賃の推移，結合しようとする会社の商品やサービスの価格決定に重要な費用構造の類似性等が，重要な事実として注目されたと言えるでしょう（ただし，この事件は，その後の当事会社と国土交通省による対応策によって，企業結合が認められました）。

Column ㉓　地方経済のための特別の法律と独占禁止法

　ある地方銀行2社の企業結合により，その地域ではほぼ独占となるのではないかと心配された事件がありました。公正取引委員会は，この市場では，事業活動を行って利益を出すには需要が少なすぎ，また，たとえ効率的な事業者でもライバルとこの需要を分ける競争を行うと採算がとれないことなどから，たとえ企業結合で1社となっても，この企業結合により独占禁止法上問題は生じない，と判断しました[10]。市場の規模の考慮については，企業結合ガイドライン（第4・2(9)）にも記載があります。

　2020（令和2）年，特別法が制定され，独占禁止法の適用が除外される企業結合が定められました。正式な法律名は，「地域における一般乗合旅客自動車運送事業及び銀行業に係る基盤的なサービスの提供の維持を図るための私的独占の禁止及び公正取引の確保に関する法律の特例に関する法律」です。地方の重要な特定のサービスを担っている企業同士の企業結合や，共同事業について，企業が国土交通省等の行政機関にこれらの行為の申請をして，行政機関による公正取引委員会への協議を含め一定の条件をクリアして認められた場合に，独占禁止法の適用が除外されます。10年以内という期限のある法律ですが，地方の銀行やバス会社等といった地方の市場における競争の変化を注意深く見守る必要があります。

---

note
[10]　平成30年度企業結合事例10「㈱ふくおかフィナンシャルグループによる㈱十八銀行の株式取得」。

審査の手順と考え方　● 133

▎(3)　垂直型企業結合▎

　企業結合には，取引相手と結合する垂直型企業結合もあります。

　2000年頃までは，競争者の数を減少させない垂直型企業結合が競争を制限する可能性はほとんどなく，むしろ効率性向上など競争に良い影響を持つ可能性がある，と考えられていました。そのため，垂直型企業結合に対する独占禁止法の適用を検討した例は，ほんの少数しかありませんでした。

　今日の経済活動では，各種データの確保が重要になり，そのための手段として，垂直型企業結合が戦略的行動のひとつとして採用されることが増えています。そして，理論的にも，一定の場合には競争への悪影響の可能性が否定できない，ということが明らかになってきました。公正取引委員会により毎年公表されている企業結合事例集でも，垂直型企業結合の数が増えていることが確認できます。

　垂直型企業結合により，市場の競争に悪影響が生じる可能性があるのはどのような場合か，まずイメージを示します。単独行動の場合と，協調的行動の場合とがあります。なお，企業結合ガイドラインでは，水平型企業結合とは別に，垂直型の企業結合に特化したセーフハーバー基準が用意されています（**3**(**1**)
⇒125頁
POINT 参照）。

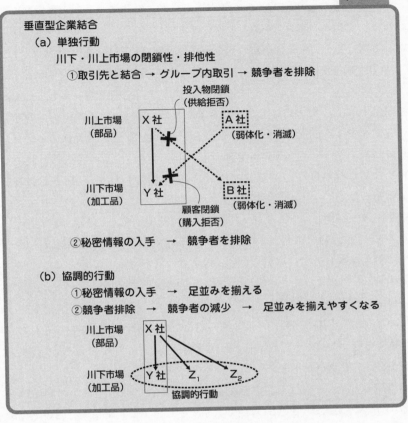

垂直型企業結合
（a）単独行動
　川下・川上市場の閉鎖性・排他性
　　①取引先と結合 → グループ内取引 → 競争者を排除

　　　　　　　　　　　　投入物閉鎖
　　　　　　　　　　　　（供給拒否）
川上市場　　　Ｘ社　　　　　　　Ａ社
（部品）　　　　　　　　　　　　（弱体化・消滅）

川下市場　　　Ｙ社　　　　　　　Ｂ社
（加工品）　　　　　顧客閉鎖　　（弱体化・消滅）
　　　　　　　　　　（購入拒否）

　　②秘密情報の入手　→　競争者を排除

（b）協調的行動
　　①秘密情報の入手　→　足並みを揃える
　　②競争者排除　→　競争者の減少　→　足並みを揃えやすくなる

川上市場　　　Ｘ社
（部品）

川下市場　　　Ｙ社　　Ｚ₁　　Ｚ₂
（加工品）　　　　協調的行動

(a)単独行動による市場の閉鎖性・排他性の考え方は，不公正な取引方法の競争排除（市場閉鎖効果）と似ています（第**5**章**2**・**2**参照）。取引しないことによって，競争者を排除します。企業結合ガイドライン（第5・2）では，供給の拒否を「投入物閉鎖」，購入の拒否を「顧客閉鎖」と呼んでいます。

⇒172頁

　ここでは，仮に，Ｘ社とＹ社が株式保有により結合するとします。

　Ｘ社がＢ社に対して投入物閉鎖（供給拒否）できるかについて，Ｘ社の市場における地位を見ます。Ｘ社の市場シェアが小さい場合，Ｘ社が供給拒否をしてもＢ社はＸ社とは別の取引先（例えばＡ社）を見出すことができます。逆に，Ｘ社の市場シェアがＡ社よりもかなり大きかったり，Ａ社が十分な供給

余力を持っていなかったりして，X 社の供給拒否により B 社が川上で X 社以外と取引を行うことが困難となって川下市場から排除されそうな場合，X 社には投入物閉鎖の「能力」があると言えます。

　もっとも，X 社に投入物閉鎖の能力がある場合でも，B 社を排除して川下市場で Y 社が価格を上げるなどして X 社と Y 社の合計で利益を増大させることができるという「インセンティブ」がなければ，投入物閉鎖は行われません。B 社が X 社にとって大口の大事な顧客であれば，B 社への供給拒絶は自社の取引先数を少なくし売上げを減少させるおそれがあり，投入物閉鎖のインセンティブは低いでしょう。逆に，Y 社が川下市場で大きなシェアを持っていたり，Y 社と B 社の商品等の代替性が高く Y 社に供給余力がある場合などには，投入物閉鎖の「インセンティブ」が高くなるでしょう。

　顧客閉鎖の場合も，川上と川下が逆になるだけで，考え方は同じです。

　さらに，「投入物閉鎖」と「顧客閉鎖」の場合のような取引の拒絶を行わないで，引き続き B 社との取引を行い，競争者の秘密情報を X 社を通じて Y 社が入手することによって，市場で競争者よりも先行して戦略を実行し，競争者を排除する可能性もあります。

　このように，市場の閉鎖性・排他性の問題が生じる可能性を検討するには，企業結合を行う会社に上記の閉鎖を行う「能力」と「インセンティブ」があるか否かを見る必要があります。

　(b)協調的行動については，Y 社が，Z_1 社や Z_2 社のビジネス上の秘密情報（販売価格や販売方法等）を X 社経由で入手することで，川下市場において協調的行動をとりやすくなり，その結果，価格を引き上げることができる等の可能性があります。さらに，Y 社が X 社に対して，X 社の Z_1 社と Z_2 社に対する販売価格や供給量のコントロール（制御）を要請することで，有力な競争者を排除し，残った少数の競争者と Y 社とが足並みを揃えやすくできるかもしれません。X 社と Y 社が，市場において自ら競争的な行動をとらないようにできるわけです。

　なお，POINT の(b)では川下の協調的行動のみを示していますが，川上と川下を逆にして，川上の市場で協調的行動を生じさせる可能性もあります。

　そして，垂直型企業結合が，単独行動または協調的行動により競争を実質的

に制限することとなるかどうかについて，さらに，水平型企業結合と同様に，競争圧力等の様々な要素を考えて評価していくことになります（(2)(a)(b)参照）。⇒129・131頁

(4) 混合型企業結合

競争関係（水平型）でも取引関係（垂直型）でもない場合を，混合型企業結合と呼びます。次のような場合に，競争に悪影響が出る可能性があると考えています。混合型企業結合も，垂直型企業結合と同様に最近になって注目されてきています。なお，企業結合ガイドラインでは，混合型の企業結合についても垂直型と同じセーフハーバー基準が用意されています（(1)POINT 参照）。

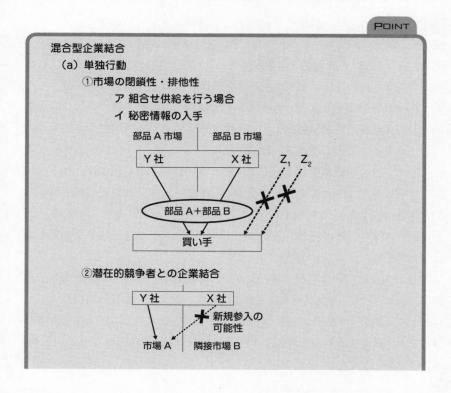

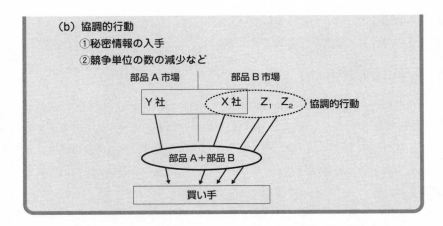

(a)単独行動の①は，部品Ａと部品Ｂが技術的に密接な関係を持っていて，開発や調整を共同で行うような場合を考えています。例えば，航空機のジェットエンジンと，それを制御する操縦装置のような関係を想定しています。これら２つの商品の技術的に密接な関係性を前提とすると，部品Ａを製造するＹ社と部品Ｂを製造するＸ社が企業結合した場合，部品Ｂの販売に関して企業結合した会社が競争上有利となり，Z_1やZ_2が排除される可能性がある場合に問題となります。その他にも，健康関連のデータベースを提供するサービスＡと，デジタル広告を事業として提供するサービスＢとの間には，サービスＢにサービスＡで獲得したデータを利用してサービスＢの販売促進を行うという関係も考えられます[11]。サービスＡのデータが，サービスＢであるデジタル広告のターゲティング機能[12]を向上させる，という競争上大きな影響を及ぼすと考えられているようです。

市場の閉鎖性・排他性が問題となる組合せ供給か否かは，その「能力」と「インセンティブ」を見ていくことになります。例えば，Ｘ社の市場シェアだけでなく，組合せ供給の対象となる商品の利益率が高く，商品同士を組み合わせることが競争上有利な状況を作り出す場合は，「能力」も「インセンティブ」もあると言えます。

note ───●

[11] 令和２年度企業結合事例６「グーグル・エルエルシー及びフィットビット・インクの統合」。
[12] 利用者の登録情報や閲覧履歴といった情報をもとに，利用者にとって適切と思われる広告などを配信する機能のこと。

同じ状況で，Y 社を通じて秘密情報を得ることで，X 社と Z_1 および Z_2 との間に協調的行動が可能となり，価格を同調的に引き上げる等の可能性もあります。また，複合的に，単独行動で Z_2 だけを排除して，残った Z_1 と X 社とが(b)協調的行動をとることもできそうです。

　(a)単独行動の②は，部品 A の市場の Y 社が，隣接市場である部品 B の市場から参入してきそうな X 社と結合することで，部品 A の市場に新規参入をしないようにする，あるいは，参入しても競合を避けさせる可能性がある場合を想定しています。私的独占の東洋製罐事件（株式保有と役員兼任による支配）と似ています（第**2**章3・**2**(1)参照）⇒68頁。Y 社にとって，X 社は，市場 A に参入する前なら，まだ競争者ではないので，水平型ではなく混合型に分類されています。

　また，垂直型企業結合と同様に，秘密情報の入手等によって協調的行動がとられやすくなることで，競争に悪影響が生じる可能性も考えられます。

　そして，混合型企業結合が，単独行動または協調的行動により競争を実質的に制限することとなるかどうかについて，さらに，水平型や垂直型企業結合と同様に，競争圧力等の様々な要素を考えて評価していくことになります（(**2**)(a)(b)参照）⇒129・131頁。

4 措　置

1　違反に対する措置

　公正取引委員会による審査の結果，一定の取引分野における競争を実質的に制限することとなる場合には，企業結合の各行為に応じた規定に違反するものとして，排除措置命令（17条の2）により，株式の譲渡や役員の辞任，合併の禁止など必要な措置を命じることができます。

　もしも，審査の途中で，勝手に合併等を強行してしまった会社があれば，無効の訴え（18条）が可能になっています。

2 問題解消措置━━━━━━━━━━━━━━━━━━━━━━━●

(1) 目 的

　現実の経済社会では，企業結合は数多く行われています。いろいろなニュース媒体を通じて，しばしば目にしますね。そして，企業結合の大部分は，独占禁止法に違反せず実行されています。

　独占禁止法上の問題が生じると指摘されたにもかかわらず，結果として違反とされることなく企業結合を実行できた事例もあります。

　例えば，大規模な企業結合の当事者となる会社は，多方面に事業展開していることが多いでしょう。たくさんあるうちのごく少数の市場で問題点が指摘された場合，せっかくの企業結合の計画が完全に白紙となることは避けたいでしょう。もし，問題の生じる市場についてだけ，独占禁止法上の問題を解消する方策をとることで，競争への悪影響の可能性を取り除くことができれば，独占禁止法に違反せず企業結合を実行できます。

　このように，公正取引委員会の審査の過程において問題点を指摘され，事業者の側から自主的に問題点を解消するために措置を申し出ることがあります。これを，問題解消措置と呼んでいます。公正取引委員会は，事業者が申し出た問題解消措置が実施されることを前提に判断を下します。独占禁止法は，企業結合を邪魔したいのではなく，競争を維持したいだけですから，問題解消措置により従前の競争が維持されるなら，わざわざ違反にしなくてもよいのです。

(2) 内 容

　例えば，地理的市場の画定で見た家電量販店同士の企業結合（③・**2**(3)(a)参照）では，企業結合を行う会社は，特定の競争者に対して自社の既存の店舗の一部を譲渡する内容の問題解消措置をとりました。これは，当初の企業結合では失われることになる競争単位を回復させるための方法，つまり，その問題視された特定の地理的市場において競争者の数が減少しないように考えた措置であると言えるでしょう。

⇒121頁

問題解消措置
　　原則　構造的措置
　　　　　　事業譲渡，店舗・工場の譲渡，株式処分など
　　例外　行動的措置
　　　　　　顧客譲渡，技術支援，OEM 供給，無差別取扱い，値下げなど
　　※企業結合によって失われる競争を回復することができるものであるこ
　　　とが基本

　企業結合ガイドライン（第7）でも，具体的な問題解消措置として，まず，事業譲渡，株式処分などが指摘されています。これらは「**構造的措置**」と呼ばれ，当初の企業結合に対して組織的変化を強制的に生じさせて，競争単位の維持と確保による競争圧力を確保するという効果を持っています。

　その他にも，競争者などへの拠点設備の開放，競争者となる会社への技術提供等，企業結合を行う会社に「この行為をする・しない」というような特定の行動を約束する「**行動的措置**」もあります。例えば，⇒131頁3・**3**(2)(b)で取り上げた事業統合する新航空会社 J＋S 社は，全路線の運賃を 3 年間 10％値下げする，と申し出ました。値上げする可能性が問題となるのであれば，値下げを約束すればよい，という発想の問題解消措置です。その他の問題解消措置も申し出た結果，J 社と S 社の企業結合は認められました（ただし，実際には社会状況の変化により，事業統合後 1 年程度で値上げしてしまいました）。

　垂直型企業結合の事例でも，市場の閉鎖性・排他性が生じないように，従来通り，合理的な条件等で，取引を継続する，という行動的措置が問題解消措置として認められた例があります。

　会社側は，問題解消措置を企業結合の成功のための戦略的経営の 1 つとして理解する必要があるかもしれません。同時に，問題解消措置を提案した会社側がこの措置を守らなければならないことも忘れてはいけません。

　問題解消措置がとられる場合には，基本的には，競争単位の維持と確保が目に見えて実効的に行うことができるとされる構造的措置がとられるべきである，と考えられています。企業結合ガイドラインでも，構造的措置が原則であるとされています。しかし，近年は，行動的措置で問題解消措置が認められた事例

が増えています。

TERM

独占的状態

　市場シェアが大きくて，ほとんど独占に近い，という意味で，「独占的」という言葉を使うことがあります。しかし，市場シェアが大きくて独占に近い状態のことを，「独占的状態」と表現してはいけません。独占禁止法8条の4に，「独占的状態に対する措置」という条文があるからです。独占禁止法2条7項にある定義に該当するものだけが「独占的状態」です。

　合併や株式取得のような行為があれば企業結合規制で対処できますが，そのような行為がないけれども「独占的状態」で競争が悪影響を受けている場合に，独占企業を分割するなどの構造的措置で競争を復活させるための規定です。実際に使うにはハードルが高く，発動された例はないので，用語と条文の存在だけここに紹介しておきます。

不公正な取引方法

「公正」とは何でしょうか？

「正義」について語るとき，人それぞれ異なった「正義」が存在します。「公正」についても，多様な考えがあるかもしれません。そして，この哲学的な問いについての結論を求めることは，困難かもしれません。

だからといって，目の前の取引で横行している「不公正」を，放置しておくわけにはいきません。独占禁止法の価値観に沿った「不公正な取引方法」とはどのようなものか，実際に規制された事例や，公正取引委員会の考え方を確認していきましょう。

1 どんな行為か

1 これって，「不公正」ですよね？？？ ─────────────●

学生A：駅前のドラッグストア，ブランド品の化粧品の割引が他よりも大きくて，いつもそこで買ってたんです。なのに，きのう行ったら値上げしてました。なじみの店員さんに聞いてもはっきり言わないんですが，どうもメーカーに目をつけられたみたいです。

学生B：いつも行くガソリンスタンドX，すごく安くてたすかってたんですけど，公正取引委員会から警告が来て，値段が上がっちゃったんですよ！ せっかく，Xだけじゃなくって他のガソリンスタンドも安くなってたのに，余計なことしないでほしいです！

学生C：お店で，「メープルシロップ250ml・特価680円！」というポップがあったので，安いと思って買いました。ところが，家に帰って，使いかけのメープルシロップのビンと比べると，ちょっと小さいことに気づきました。ラベルの印刷をよく見ると，特価で買ったのは「250g」で，家の使いかけのは「250ml（330g）」だったのです。お店では確かに「250ml」と書いてあったんですよ。これって，ちょっと詐欺ですよね!?

学生D：新型肺炎がはやりだしたころ，どこに行ってもマスクが買えなくて困りました。やっと見つけたと思ったら，栄養ドリンクとセットにされて，すごく高い値段が付いていました。栄養ドリンクとセットにして，価格をつり上げてるんです。本当に，ぼったくりです！ こういうのは，違反にならないのですか？

学生E：うちの実家は小さな工場で，自動車の部品を作ってます。ずっと納入しているメーカーから，余った部品の返品とか，一方的な値下げとかされることがあるみたいです。でも，そのメーカーとの取引がなくなったら倒産するしかないので，無茶な要求でも応じるほかない，と私の親は言ってました。でも，そんなのひどいと思います。

先生：どれも興味深い話ですね。問題となりそうなものが，たくさんあります。生活の中で，「あれっ？」と思ったおかしなこと，見逃さずに考えてみましょう。

2 守備範囲は広い

独占禁止法の禁止する3本柱の最後が，不公正な取引方法の禁止（19条）です。3条で禁止される私的独占・不当な取引制限は，刑事罰の対象となりうる程度に競争への悪影響が大きい（一定の取引分野における競争を実質的に制限する）行為でした。19条は，そこまでひどくないけれども，「公正な競争を阻害するおそれ」があるという程度には悪影響のある行為を対象とします。

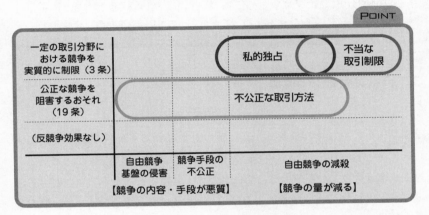

不公正な取引方法は，「公正な競争を阻害するおそれ」（公正競争阻害性）がある行為を違反にします。「競争を阻害」というと，競争を減らす（増えないようにする）行為をイメージできます。また，「公正な」というと，いくら競争といっても汚い手段で客を奪うのはダメなのだな，とイメージできます。競争を減らす行為に加えて，不公正な行為も対象とするので，いろいろな種類の行為が含まれます。そして，実際の悪影響の現れ方も程度も，ケース・バイ・ケースで異なってきます。

不公正な取引方法に対しては，刑事罰はありませんが，差止請求訴訟が可能になっています（第1章④・**3**参照）。⇒41頁

Column ㉔ 19条から3条へのランクアップ

不公正な取引方法（19条）と私的独占（3条前段）は，行為の形は共通するところが多くあります。ただ，悪影響の程度が違うのです。市場の価格や数量

等を左右する程度に達していると,「一定の取引分野における競争を実質的に制限」という2条5項・6項の効果要件に該当し,3条を適用する可能性があります。実際に,公正取引委員会が立入調査に入った段階では,不公正な取引方法の疑い,と報道されていたのに,その後の判断で私的独占として処分された事件もあります。

　排除型私的独占ガイドライン①では,行為者の市場シェア50%以上を目安に,私的独占の可能性を検討するとされています。ただし,市場シェアだけで決まるわけではなく,市場の状況や行為の性質など競争に与える悪影響によって,一定の取引分野における競争を制限するかどうか,言い替えると市場の価格・数量等を左右しそうかどうかは変わってきます(第1章3・1参照)。
⇒25頁

3　行為類型は20種類

不公正な取引方法の定義規定は,2条9項にあります。

　2条9項1号〜5号の行為は,課徴金の対象になる可能性のある行為です(20条の2〜20条の6)。2条9項6号の行為には,課徴金の規定がありません。

　2条9項6号は,公正取引委員会に対して,どんな行為を不公正な取引方法とするか,を決めて指定する権限を与えています。これを受けて,公正取引委員会は「一般指定」と呼ばれるリストを告示しました(正式名称は「不公正な取引方法」という名の告示です)。そこには,15種類の行為が示されています(2条9項6号にはイ〜ヘという分類がありますが,これはあまり気にしなくて大丈夫です)。2条9項1号〜5号の行為も,もともとは一般指定の中にありましたが,課徴金を課すための改正(2009〔平成21〕年)で,一般指定からは抜いて2条9項に規定されました。

　つまり,2条9項1号〜5号の5個の行為と,一般指定1項〜15項の15個の行為で,合計20個の行為類型があります。

note
① 「排除型私的独占に係る独占禁止法上の指針」(平成21年10月28日)。

イ 差別的取扱い	
①共同で供給（販売）を拒絶	2条9項1号（20条の2）
②共同で供給を受けること（購入）を拒絶	一般指定1項
③その他（単独）の取引拒絶	一般指定2項
④継続的な供給の価格差別	2条9項2号（20条の3）
⑤その他の価格差別	一般指定3項
⑥取引条件等の差別	一般指定4項
⑦事業者団体における差別取扱い	一般指定5項
ロ 不当な対価	
⑧著しい費用割れ販売	2条9項3号（20条の4）
⑨その他の廉売	一般指定6項
⑩不当高価購入	一般指定7項
ハ 不当顧客誘引・強制	
⑪ぎまん的顧客誘引	一般指定8項
⑫不当な利益による顧客誘引	一般指定9項
⑬抱き合わせ販売等	一般指定10項
ニ 不当な拘束	
⑭排他条件付取引	一般指定11項
⑮再販売価格の拘束	2条9項4号（20条の5）
⑯その他の拘束条件付取引	一般指定12項
ホ 取引上の地位の不当利用	
⑰優越的地位の濫用	2条9項5号（20条の6）
⑱取引先役員選任への干渉	一般指定13項
ヘ 取引妨害・内部干渉	
⑲競争者に対する取引妨害	一般指定14項
⑳競争会社に対する内部干渉	一般指定15項
	※カッコ内は課徴金の規定

いっぱいありますね。実際の取引は多種多様で，いろんな種類の「不公正」
があります。そういうのを列挙したら，増えてしまったのです。前の **1** の学生
A〜Eの言っていた「不公正」な取引は，それぞれ，①〜⑳のどれが問題に
なりそうですか？　⇒144頁

こんなふうに 20 個もずらずらと列挙されると，「たくさんあってたいへんそ
うだな…」と思うかもしれません。でも，大きく分けると 4 つの型があって，

考え方のほとんどが共通しています。次の **4** の POINT にある４つです。４つ
の典型例を理解すれば，あとはそれと類似のものとして理解できます。４つの
典型例については，^{⇒157頁⇒203頁⇒218頁} **2**，**3**，**4** それぞれの最初で詳しく説明し，その後で類似
の規定の説明をします。

Column ㉕　イロハニホへと一般指定

　通常の六法だと，独占禁止法のすぐ次に，「不公正な取引方法」という公正取
引委員会の告示が収録されています。これが「一般指定」と呼ばれているもの
です。経済法の分野では当たり前のように使われていますが，六法の目次で
「一般指定」を探しても出てきません。六法の目次では，「不公正な取引方法」
と掲載されています。テキストや試験問題で「一般指定」とあれば，独占禁止
法の次にある「不公正な取引方法」という告示のことをさすのだな，と覚えて
ください。

　２条９項６号のイ～へについては気にしなくてもよい，と本文で述べました。
公正取引委員会は一般指定の各規定を作るときに，イ～へを細分化して一般指
定１項～15項を作っています。なので，一般指定のどれかにあたれば，必ず基
になったイ～へのどれかに該当します。上記 POINT の６つの見出しがイ～へに
あたる，と思って見てください。

　一般指定は，どんな業種の事業者であっても，一般的に適用される指定だか
ら「一般」指定です。

　他に「特殊指定」と呼ばれるものがいくつかあります。ある特定の業種だけ
を対象とした指定が「特殊」指定です。現在は，新聞業，大規模小売業，荷物
運送について指定されています。特殊指定は通常の六法には収録されていない
ので，公正取引委員会のサイトで見てください。

4　効果要件は「公正競争阻害性」

(1)　公正競争阻害性の３つの側面

　行為要件（形式）に合致しただけでは，違反になるとは断言できません。効
果要件（実質）を満たす必要があります^{⇒17頁}（第**1**章 **2**・**3**(3)参照）。効果要件は，
「公正な競争を阻害するおそれ」という文言（２条９項６号）で表現されていま

すが，略して「公正競争阻害性」と呼んでいます。これは，20種類の行為類型に共通する効果要件です。20種類の行為類型を示す各規定には「正当な理由がないのに」とか「不当に」といった文言があり，公正競争阻害性がある場合に「正当な理由がないのに」あるいは「不当に」なされた行為となると考えてください。
⇒32頁

第1章3・2でも説明したように，公正競争阻害性は3つの側面を持ちます。

POINT

公正競争阻害性（＝「公正な競争を阻害するおそれ」）

（a）自由競争の減殺
　　　競争が減る → 市場支配力の形成・維持・強化へつながる
　　（a-1）競争回避・価格維持効果
　　　　　販売店間の値引き競争をさせない
　　（a-2）競争排除・市場閉鎖効果
　　　　　競争者などの他の事業者を追い出す

（b）競争手段の不公正
　　　やり方が汚い → そんな競争は不適切

（c）自由競争基盤の侵害（濫用）
　　　ありえない要求 → 社会的に許されない

(a)自由競争の減殺は，「減殺」とあるように，増えるか，減るか，に着目します。競争の量が減る，というイメージです。これに対して，(b)と(c)は，量ではなく質に着目します。いくら競争が増えて激しくなっても，悪質な競争であれば規制します。

(a)自由競争の減殺，すなわち競争を減らす方法には，大きく分けると2つあります。(a-1) 活発だった価格競争を回避させ競争を弱めるものと，(a-2) 競争者を排除して競争を弱めたり生じるはずだった競争を阻止したりするものです。(a-1) を競争回避，(a-2) を競争排除，と呼んでいます。公正取引委員会による流通取引慣行ガイドライン[2]では，(a-1) を価格維持効果が生じる場合，(a-2) を市場閉鎖効果が生じる場合，と呼んでいます。(a-1) 競争回避・価格

維持効果を生じる行為の典型例は，**3** の ⇒147頁 **POINT** であげた 20 個の行為類型のうち⑮再販売価格の拘束（2 条 9 項 4 号）です。(a-2) 競争排除・市場閉鎖効果を生じる行為の例としては，⑭排他条件付取引（一般指定 11 項）がわかりやすいです。その他は，(a-1) と (a-2) の片方あるいは両方を含む規定が多いので，⇒157頁　⇒172頁 **2・1** と **2・2** でそれぞれの考え方を見てから ⇒176頁 **2・3** 以降を読み進めてください。

(b)競争手段の不公正は，客を奪うやり方が汚い，というような，競争手段として是認できない行為です。⑪ぎまん的顧客誘引（一般指定 8 項）と⑫不当な利益による顧客誘引（一般指定 9 項）が典型例です。⑬抱き合わせ販売等（一般指定 10 項）と⑲競争者に対する取引妨害（一般指定 14 項）は，事例によってはこの視点から評価します。⑳競争会社に対する内部干渉（一般指定 15 項）もこれに分類されます。

(c)自由競争基盤の侵害（濫用）は，取引相手の立場が弱く自分が強い立場であるときに，正常な取引では考えられないようなひどい条件を押しつける濫用行為を問題とするものです。⑰優越的地位の濫用（2 条 9 項 5 号）と⑱取引先役員選任への干渉（一般指定 13 項）があります（⇒218頁**4** 参照）。

Column ㉖　効果要件の規定場所

「公正な競争を阻害するおそれ」という文言が，2 条 9 項 6 号にあります。とすると，この効果要件は 2 条 9 項 6 号を受けて作られた一般指定 1 項〜15 項の行為についてのものであり，2 条 9 項 1 号〜5 号にはかからないようにも読めます。しかし，2 条 9 項 1 号〜5 号の行為は，もともと 2009（平成 21）年改正前の一般指定の中にあった行為で，課徴金を課すために 2 条 9 項 1 号〜5 号に抜き出したものなので，改正前と同様に公正競争阻害性が効果要件であると解釈されています。「公正な競争を阻害するおそれ」の文言を，改正時に 2 条 9 項の最初（柱書）に移動させておけばよかったのですけどね。

---

note
② 「流通・取引慣行に関する独占禁止法上の指針」（平成 3 年 7 月 11 日）。

3 の POINT ^{⇒147頁}にあげた不公正な取引方法の①～⑳の規定には，条文中に「正当な理由がないのに」または「不当に（な）」のどちらかの文言がついています。これは公正取引委員会が意識的に書き分けています。

> POINT
>
> 「正当な理由がないのに」→ 原則違法・例外適法
>
> 　　　　（違反になりやすい行為だから気をつけて！）
>
> 「不当に（な）」→ 原則適法・例外違法
>
> 　　　　（形だけ当てはまっても，多くの場合は違反にならないよ）

「正当な理由がないのに」という文言がある規定の行為は，行為要件（行為の外形）に当てはまる場合，原則として公正競争阻害性が発生する（効果要件も満たす）と考えられる類型です。公正な競争を阻害する効果が生じやすく，違反になりやすい行為を示しています。この文言があるのは，**3** の POINT ^{⇒147頁}にある 20 の行為のうち，①②⑧⑮の 4 つだけです。

「不当に（な）」という文言がある規定の行為は，行為要件に当てはまっても，原則として公正競争阻害性が生じないと考えられる類型です。通常の取引の中で，形だけこれに当てはまる行為が行われても，競争を阻害することにはならない場合がほとんどであると考えられています。ただ，使い方次第では公正な競争を阻害する効果が生じることがあるので，その場合には違反にできるように規定を用意しているわけです。誰がどのような状況でどのように実行したか，によって違反となるかどうかが変わってきます。

5　垂直的制限のイメージ

不公正な取引方法の規定は 20 個ありました（**3** の POINT ^{⇒147頁}参照）。これを規定の順番に説明していくこともできますが，効率がよくありません。通常のテキストや教科書と順番が少し変わりますが，イメージしやすいように，そして，効率的に理解できるように，説明をしていきたいと思います。

まず，不公正な取引方法が，どのような場面で問題となるか，をイメージするために，ちょっとだけ想像してみてください。

(1)　タテの協力

　競争者間の関係を「ヨコ」または「水平的」関係というのに対して，売買などの取引相手との関係を「タテ」または「垂直的」関係と呼んでいます。不公正な取引方法には，タテの関係で，取引の相手方の自由を制限する行為が多くあります。これを「垂直的制限」と呼びます。

　なぜ，垂直的制限をするのでしょうか？

　例えば，巨大な設備が必要な産業や，複雑で高度な技術が必要な産業，最先端のハイテク産業などは，資金力や技術力が必要です。必然的に競争者の数は少なく，お互いに競争相手の行動をよく見ています。もし，自分が値引きすると，競争者に値引きで応酬されます。お互いに値下げして利益幅が減るのにお客さんの数は以前と同じ，ということになると，値引きで競争するのではなく，価格は同レベルにしておいて，品質や，新機能や，サービス，ブランドイメージなど，価格以外の競争（非価格競争）に力を入れるようになります。

　消費者は，どのメーカーの製品も同じような価格帯で，細かいところは違うけれども，似たような製品がたくさんあるため，複雑な比較が必要となり困惑してしまいます。例えばテレビを買うとしましょう。カタログと価格比較サイトで，ある程度の比較はできます。しかし，似たような価格と性能，よくわからない機能。どれが1番いいのか判断しきれません。ネット上の評判やアドバイスも当てになりません（「社員乙！」「ステマ！」など）。結局，実際に見て試してみないと，納得のいく選択ができそうにありません。

　では，実際にお店に行ってみましょう。家電量販店で候補になった製品を見比べてみます。でもやっぱり，どのテレビもきれいに映るし，価格も同じくらいです。「どれがいいのかわからない，どれにしよう？」

　そこへ，そっと近づいて，声をかけてくれる人が来ます。「お客様，何かお探しでしょうか？　何でもご質問ください。」お店の販売員の登場です。あなたは，どのテレビがいいのか尋ねます。販売員は，売れ筋，評判，機能の説明などしてくれます。そして，あなたの希望を聞いて，最後の一押し。あなたは納

得のいく選択ができ，どのテレビにするか決めて購入しました。

　メーカーは，製造した商品について，CMなどの広告もするでしょう。しかし，直接消費者に接して売り込む機会はありません。お店の販売員の最後の一押し，メーカーはこれがほしいのです。メーカーはお店に自社製品を推してもらいたい，しかし，お店は何のメリットもなしに，特定のメーカーの製品だけをプッシュしたりしません。メーカーがなんらかの利益を与えて，その見返りに販売協力してもらわなくてはなりません。ギブ・アンド・テイクです。

　そんな双方の思惑から，商品の売買には，単なる価格と数量だけではなく，陳列方法，販売方法，保管状態など，多くの付随する条件が付け加えられます。お互いに自己の利益のために交渉した結果，制限を受け入れているのです。それは，自己の商品を売りたい，というメーカーの競争の表れでもあります。したがって，売買取引をする当事者間で付けられる様々な垂直的制限は，ブランド間の競争を促進する効果を有する場合もそれなりに多くあると考えられます。しかし，それだけではすまない垂直的制限もあり，公正競争阻害性が生じるか否か，ケース・バイ・ケースで検討する必要があります（具体的には，②・1以降で説明します）。

⇒157頁

(2)　ブランド間競争とブランド内競争

　一般に，メーカー間の競争を「ブランド間競争」といいます。そして，ある特定のメーカーの製品は，複数の小売店で販売されます。小売店の間でも，同一メーカーの同じ製品を販売するため，値引き等の競争が行われます。このような同一メーカーの製品の販売について，小売店の間で競争することを「ブランド内競争」といいます（メーカーと小売店の間に卸がいる場合も同様ですが，わかりやすくするためにここでは省略します）。

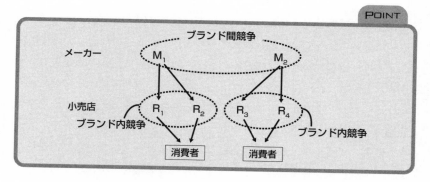

しばしば，メーカーが主体となってブランド間競争を促進する場合には，自己の商品の販売店に対して様々な制限をすることがあります。その際に，ブランド内競争の制限があってもブランド間競争を促進するのであれば，市場全体の競争を促進したといえるので独占禁止法違反とするべきではない，との主張がなされます。

公正取引委員会は，最終的には総合的評価により判断しますが，どちらの競争も大事だと考えています。

┃ (3) 流通取引慣行ガイドライン ┃

垂直的制限は多種多様です。取引先事業者の販売価格，取扱商品，販売地域，取引先等の制限を行う行為などがあり，正式な契約書に明記するものもあれば，直接・間接に要請するものもあります。競争に与える影響も様々です。例えば，事業者の創意工夫による事業活動を妨げたり，ブランド間競争やブランド内競争が減少・消滅したり，参入障壁が高くなって新規参入者を排除したり，消費者の商品選択が狭められたり，といった競争を阻害する効果がもたらされる場合があります。他方で，新商品の販売が促進されたり，新規参入が容易になったり，品質やサービスが向上するといった競争を促進する効果がもたらされる場合もあります。

ブランド内競争を制限するけれども，ブランド間競争を促進する可能性がある場合，それは適法なのでしょうか，それとも違法なのでしょうか？ この問いには，簡単には「Yes」とも「No」とも返答できません。ケース・バイ・

ケースの判断が必要になるからです。

ただ，そんな曖昧（あいまい）な状態だと，事業者も違反になるのが怖くて，自ら自由を抑制して競争が減ってしまうことになりかねません。そこで，公正取引委員会は，流通取引慣行ガイドラインを示しています。このガイドラインは，法律や規則ではありませんが，公正取引委員会がどのように考え，どのような基準で判断するか，を示し，例を使った考え方も示しています。

POINT

・ブランド間競争とブランド内競争は，両方とも公正かつ自由な競争に必要

・価格制限　　　原則として公正競争阻害性が生じ違反となる
　　　　　　　　　ex. 再販売価格拘束

・非価格制限　①通常，価格競争を阻害するので原則違法となる類型
　　　　　　　　　安売り・値引き販売をやめさせるための制限
　　　　　　　②ケース・バイ・ケースで判断する類型
　　　　　　　　　価格維持効果または市場閉鎖効果が生じる場合に違反

(4) 本書の進めかた

流通取引慣行ガイドラインは，価格制限から始まり，次に非価格制限の諸類型へと解説を広げていきます。違反になりやすい行為から解説しているのです。本書も，同様に，価格制限の典型である再販売価格拘束から始めましょう。そして，非価格制限へと進みます。

まず，次の **2** で(a)自由競争の減殺の (a-1) 競争回避・価格維持効果，(a-2) 競争排除・市場閉鎖効果の理解しやすい行為から入り，その後，その他の類型を見ます。そして，**3** で(b)競争手段の不公正，**4** で(c)自由競争基盤の侵害（濫用）へと進みます。おおよそ，**4 (1)**の **POINT** で示した公正競争阻害性の順になります。⇒149頁条文の並び順とは異なりますが，一応，20 個の行為類型すべてに触れます。もちろん，メリハリをつけますし，景表法[3]や下請法[4]も扱います。

note
[3] 「不当景品類及び不当表示防止法」（昭和 37 年法律第 134 号）。

抱き合わせ（一般指定10項）と取引妨害（一般指定14項）は，自由競争減殺と競争手段の不公正の両方で，それぞれの側面から扱います。

　以下の POINT に，掲載順を示します。左の数字は，それぞれ本章の見出し番号を示しています。

POINT

2	自由競争の減殺	
	1	・再販売価格拘束（2条9項4号） ・拘束条件付取引（一般指定12項）
	2	・排他条件付取引（一般指定11項）
	3	・共同の取引拒絶（2条9項1号，一般指定1項） ・単独の取引拒絶（一般指定2項）
	4	・価格差別（2条9項2号，一般指定3項） ・取引条件の差別（一般指定4項） ・事業者団体における差別（一般指定5項）
	5	・不当廉売（2条9項3号，一般指定6項） ・不当高価購入（一般指定7項）
	6	・抱き合わせ販売等（一般指定10項）
	7	・取引妨害（一般指定14項）
3	競争手段の不公正	
	1	・景表法 ・ぎまん的顧客誘引（一般指定8項） ・不当な利益による顧客誘引（一般指定9項）
	2	・抱き合わせ販売等（一般指定10項）
	3	・取引妨害（一般指定14項） ・内部干渉（一般指定15項）
4	自由競争基盤の侵害（濫用）	
	1	・優越的地位の濫用（2条9項5号，一般指定13項） ・特殊指定
	2	・下請法

note ───
④ 「下請代金支払遅延等防止法」（昭和31年法律第120号）。

② 自由競争の減殺

公正競争阻害性には「自由競争減殺」,「競争手段の不公正」,「自由競争基盤の侵害(濫用)」という3つの視点がありました。まずは「自由競争の減殺」,すなわち競争を減らす行為について見ていきます。

競争を減らすには,大きく分けると,2つの方法があります。

POINT

> (a)自由競争の減殺
>   競争が減る → 市場支配力の形成・維持・強化へつながる
>   (a-1) 競争を回避させる(価格維持効果)
>   (a-2) 競争を排除する(市場閉鎖効果)

(a-1) 競争を回避させ価格を高めに維持する行為と,(a-2) 競争者など他の事業者を排除して競争を弱める行為です。(a-1) 競争回避(価格維持効果)を次の**1**で,(a-2) 競争排除(市場閉鎖効果)を**2**で見ていきます。

1 競争回避(価格維持効果)

(1) 再販売価格拘束

自由競争の減殺の1つめ,(a-1) 競争を回避させ価格維持効果を生じさせる行為の典型例は,再販売価格の拘束(2条9項4号)です。10年以内に繰り返した場合には,課徴金(違反行為に係る売上額の3%)の対象となります(20条の5)。

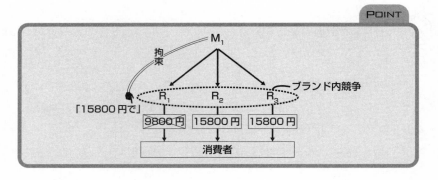

　例えば，スポーツシューズで有名なナイキ（M_1）は，販売店 R_1 らにナイキシューズを売ります。販売店らは，ナイキから仕入れた価格に利潤を上乗せして消費者に売ります。販売店 R_1 が，上乗せする利潤を少なめにして価格を抑え，多くの消費者に買ってもらおうとしたとします。そうすると，競争者である販売店 R_2 や R_3 も，客を奪われないよう対抗して値引きしなくてはなりません。ナイキから仕入れる価格は R_1 ～ R_3 いずれも同じかもしれませんが，様々な費用を削減して価格を抑えたり，独自のサービスをしたりして，お客さんを多く獲得しようと販売店間で競争します。

　このような販売店 R_1 ～ R_3 の間の競争によって，メーカー M_1（ナイキ）製のシューズの小売価格が下がることを，メーカー M_1 が嫌がることがあります。メーカー M_1 から販売店に売られた後のナイキシューズは販売店に所有権があり，販売店 R_1 に在庫しているナイキシューズの価格は，R_1 自身の判断で決めることができるはずです。ところが，メーカー M_1 が，販売店 R_1 に対して，「ナイキシューズを値引きして販売するな」とか，「9800 円は安すぎる。15800円で売りなさい」などの指示をするのです。そして，それは販売店 R_1 だけでなく販売店 R_2 や R_3 にも同様であり，その結果，販売店 R_1 ～ R_3 の間の価格を下げる競争がなされなくなります。つまり，メーカー M_1 の指示は，販売店 R_1 ～ R_3 の間の価格競争を回避させる行為であり，販売店 R_1 ～ R_3 での価格を高く維持する効果が生じます。このような行為が，自由競争の減殺の１つめのパターン（a-1）です[5]。

　この例の行為は，「再販売価格拘束」といいます。一度売った商品について，

それを仕入れた販売店が**再**度それを**販売**するときの**価格**を**拘束**する行為だから，そう呼ばれています。

行為要件である「拘束」の有無については，「何らかの人為的手段によって……実効性が確保されていると認められるかどうか」で判断されます（流通取引慣行ガイドライン・第1部第1・2(3)）。契約上の義務や，強制的な手段や制裁などがあれば当然に拘束となりますし，それがなくても，合意，申し合わせなどがあれば緩やかな拘束になります。利益を与えて誘導することも，拘束に該当することがあります。どの方法でも，「いわれたとおりにしないといけない」という意識を生じさせ，自主的な自由競争を制約しているなら，同じように「拘束」に該当すると考えてかまいません。

2条9項4号にはイとロがありますが，M_1自身が直接働きかけて拘束する行為（直接の拘束）がイで，取引相手など他の事業者を介して拘束する行為（間接の拘束）がロになります。

(2) 原則違法と例外

独占禁止法2条9項4号は，「正当な理由がないのに」再販売価格拘束をすることが，不公正な取引方法に該当するとしています。この「正当な理由がないのに」がつく規定は，行為要件を満たした場合，原則として効果要件である公正競争阻害性も生じるとされています。再販売価格拘束は，販売店$R_1 \sim R_3$で価格競争していたのをやめさせる行為なので，競争に対する悪影響が明白です。確実にナイキシューズの小売価格の競争は減りますから，自由競争の減殺です。

このように，再販売価格を拘束すると原則違法で違反になりやすい危険な行為だということは，M_1にあたるような事業者も知っています。なので，再販売価格を拘束するのではなく，別の方法で値引きさせないようにする場合もあります。独占禁止法は，そういった類似行為でも，同じように競争回避（価格維持効果）を生じる行為であれば違反にします（**⑤**以降参照）。
⇒164頁

原則に対しては例外もあります。メーカーM_1が，他のメーカーM_2やM_3

note
⑤ ナイキジャパン事件・公取委勧告審決平成10年7月28日審決集45巻130頁（百選68事件）。

と競争するためには販売店での価格を拘束しなければならず，それを例外的に適法と認めるべき状況があれば，適法と判断されるでしょう。小売価格を拘束した方が，全体としての競争はより活発になされるようになる，という状況が絶対にない，とは言い切れませんね。なので，再販売価格の拘束が例外的に適法とされることがある，と公正取引委員会も認めています。ただし，最高裁は，再販売価格拘束に対して，厳しい態度を示したことがありますので[6]，例外は非常に限定的なものになっています。

POINT

> **例外的に適法と認められる再販売価格拘束**
>
> ①実際の競争促進効果（需要の増大と消費者の利益）があること
> ②より競争阻害的でない他の方法がないこと
> ③必要な範囲と必要な期間に限定されていること

　流通取引慣行ガイドライン（第1部第1・2(2)）では，競争促進効果が実際にあり，必要な範囲・期間に限定されたもの，について認める余地があるとしています。そのためには，①実際の競争促進効果（需要の増大と消費者の利益）があること，②より競争阻害的でない他の方法がないこと，③必要な範囲と必要な期間に限定されていること，という条件を満たさないといけません。特に②の条件は厳しく，なかなかこれらを満たす事例は出てこないでしょう（詳しくは，次の(3)で検討します）。

　その他には，形式的には再販売価格の拘束だが，実質的には自分自身の価格を決めただけに過ぎない場合も，例外として適法とされます。例えば，価格拘束された R_1 が，M_1 の子会社である場合です。また，例えば，M_1 が自分で最終的な買い手と交渉して価格などの取引条件が決まっていて，R_1 を名義上の販売店として，既に決めてある価格で契約書を作成させる場合です。

note ──●
[6]　第一次育児用粉ミルク（和光堂）事件・最判昭和50年7月10日民集29巻6号888頁（百選66事件）。

　再販売価格を拘束することに合理性がある場合として，「ただ乗り（フリーライド）」を防止するためであるなら，ブランド間競争を促進するから適法とすべきである，という主張があります。おおよそ，以下のような主張です。

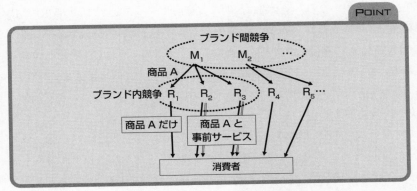

　例えば，M_1 社製の商品 A については，事前に消費者に提供しなければならない情報やサービスがあり，これが提供されなければ商品 A の真価を発揮できないとします。例えば，シューズだと，足の形や重心や圧力を測定するなどで，最適なモデルとパーツを選んだり，試着したり，微調整したりするようなイメージです。登山靴などは，売り場で時間をかけて選んでいるのを見かけます。ゴルフクラブも，身長や手の長さ，フォーム，素振りの癖など測定するものがあるようです。他にも，身体や健康に関するものには，同様の事前の検査と説明がありそうです。施設や大型機械なども，設計や設置のための現地調査などが必要な場合がありそうですね。そのため，販売店 R_2 と R_3 は，コストをかけて事前にこうしたサービスを提供し A を販売していました。ところが，R_1 が，この事前サービスの提供をせず，価格を下げて売り始めました。消費者には，「R_2 や R_3 で商品 A の事前サービスはしてくれるから，それを受けてから，うち（R_1）に来てください」と言いました。消費者は，この通りにして，価格の安い R_1 で買うようになりました。R_2 と R_3 は，自分のところで買わず R_1 で買う客のために，費用がかかるのにタダで事前サービスを提供することになります。このままでは，M_1 社製の商品 A についての事前サービスを，R_2

も R_3 も提供することをやめ，その費用を削減して R_1 と同程度の低い価格で販売することになります。そうなると，M_1 社製商品 A は，事前サービスなしで販売され，真価を発揮できず，安いけれども品質の良くない商品だという評判が立ち，M_2 など他社の競合品に客を奪われるでしょう。そうならないように，M_1 は，R_1 を含む販売店らに対して，商品 A の値引き販売を禁止します。R_1 が値引きできないなら，消費者は説明など事前サービスを受けられる R_2 や R_3 で買うでしょうからね。M_1 は，そうやって事前サービスの提供を維持して，M_1 社製商品 A の真価を消費者に伝えることができるようにしました。つまり，この場合の値引き禁止（再販売価格拘束）は，事前サービスを提供させ，M_1 と他メーカーとのブランド間競争を促進するものであり，違反とすべきではない，という考え方です。

　このような（R_2・R_3 提供のサービスに対する R_1 による）「ただ乗り（フリーライド）」を防止するためであれば，再販売価格拘束をしてもブランド間競争を促進する，という理論が，経済学の分野から主張され，経済法の分野でも検討されてきました。公正取引委員会が出した結論は，やはり再販売価格拘束は価格維持効果が強い行為なので，例外を認めるとしても限定的に考えるべきである，というものでした。それが，(2)の POINT にある①〜③，すなわち，①実際の競争促進効果（需要の増大と消費者の利益）があること，②より競争阻害的でない他の方法がないこと，③必要な範囲と必要な期間に限定されていること，です。

　まず，ただ乗り防止により，「①実際の競争促進効果（需要の増大と消費者の利益）があること」という基準に合致するようなものは，そう多くはなさそうです。さらに，「②より競争阻害的でない他の方法がないこと」という基準に合致するような事例はなかなかないように思えます。再販売価格を拘束しなくても，事前サービスの提供を義務づける拘束をすればよい，という場合がほとんどです。これであれば，一般指定 12 項（その他の拘束条件付取引）であり，非価格拘束ですので，原則適法の類型として検討をはじめることになります。ただ乗り防止ではなく，例えば，新規参入のために，最初の一定期間，価格の上限を定める（つまり，安く売るように拘束する）ことで普及させるようにする，という場合であれば，①〜③に合致するかもしれません。ただし，まだこのよ

うな判断がなされた事例はありませんが。

Column ㉗　マスクの上限価格の拘束

　　新型コロナウイルスの感染拡大によりマスクが品不足になり価格が高騰した
際に，公正取引委員会は，「小売業者が不当な高価格を設定しないよう期間を限
定して，メーカー等が小売業者に対して一定の価格以下で販売するよう指示す
る行為は，通常，当該商品の購入に関して消費者の利益となり，正当な理由が
あると認められる」との見解を示しています。ただし，その指示によって「か
えって商品の小売価格の上昇を招くような場合には，正当な理由があるとは認
められません」とも述べています[7]。この見解の根拠が，本文①～③に沿ってい
るようにも見えるので，自由競争を減殺しない例として考えるべきなのか，判
断に迷います。ただ，非常事態だから例外的に認められる，というのであれば，
1条の究極目的を考慮して，公衆衛生など競争以外の価値により正当化されるか
ら（第1章 3・3 (2)参照），と理解することもできそうです。公正取引委員会の
　　⇒35頁
意図がどちらにあるのか，は不明です。

---

(4)　法律上の適用除外

　再販売価格拘束には，適用除外の規定もあります。本来であれば違法とすべ
きところ，独占禁止法の適用を除外する，と定められている結果，違法とされ
ません。

　1つめは，公正取引委員会が指定した商品である場合（指定再販。23条1項）
です。かつては，1030円以下の化粧品などが指定されていました。2022（令和
4）年時点では，指定されている商品はありません。いつかまた指定される日
があるかもしれない，と制度だけが存在し続けています。

　2つめは，書籍，雑誌，新聞，音楽用レコード・テープ・CDである場合
（著作物再販。23条4項）です。これら6つの著作物には「定価」が書いてあり，
販売店での小売価格を拘束していますが，適法です。条文には「著作物」とし
か書いてありませんが，公正取引委員会は，書籍，雑誌，新聞，音楽用レコー

---

note
[7]　公正取引委員会「新型コロナウイルス感染症への対応のための取組に係る独占禁止法に関するQ&A」
（https://www.jftc.go.jp/oshirase/coronaqa.html）。

ドについては、独占禁止法が再販売価格拘束を違法とする前から「定価」販売が定着していたため例外としたものなので、音楽用レコードの後継であるカセットテープとCDは同様に扱うが、それ以外の例外を認めるものではないと解釈しています。実際に、映画のDVDやゲームソフトなどについては、定価販売を認めていません。また、電子書籍や音楽データの配信についても、「物」ではないため定価販売は認めない、とされています。

著作物再販の適用除外規定を見直す議論もありましたが、現在も維持されています。音楽用CDには、「再・2020.11.30まで」などの表記が定価の後にあり、この日付以降は販売店の判断で値引きしてもよい、と認めているものがあります（時限再販）。これは、見直しの議論がなされたときに、音楽業界が自主的にとった措置です。

適用除外には例外もあり、価格拘束をしてはいけない相手方もあります（23条5項）。大学生協の店舗で、教科書等が割引販売されたりするのは、このためです。

┃ (5) 再販売でない価格拘束 ┃

ここまで説明してきた「再販売価格拘束」の「再販売」は、仕入れた商品をそのまままもう一度販売することです。メーカー M_1 が小売店 R_1 らに売る商品Aと、小売店 R_1 らが消費者に売る商品Aが同じです。(1)の例だと、シューズを仕入れて、そのシューズを小売する場合が、「再販売」です。

そうではなく、原材料Aを仕入れて、店で別の商品Bに加工して売る場合には、「再販売」とはいいません。例えば、原材料の小麦粉（A）を仕入れて、それをこねてパン（B）を焼いて売る場合です。これは「再販売」ではありませんが、取引相手に対してパンの価格を拘束する行為は、パンの価格競争を回避させ価格維持効果を生じさせるのは同じです。

元のAと価格を拘束されたBとが異なる例として、パーマ液（A）を美容院に販売しパーマ施術（B）の料金を拘束した事例[8]や、映画フィルム（A）を貸し出した映画館に対して映画観覧（B）の料金を拘束した事例[9]があります。

note ──●
[8] 小林コーセー事件・公取委勧告審決昭和58年7月6日審決集30巻47頁。
[9] 20世紀フォックスジャパン事件・公取委勧告審決平成15年11月25日審決集50巻389頁。

これらＡとＢは再販売の関係ではないですが，価格拘束をすれば，再販売価格拘束と同様に，美容院の間の価格競争や映画館の間の価格競争を回避させ，価格維持効果が生じます。

これらの場合，再販売の価格拘束ではないので２条９項４号は適用できませんが，一般指定12項（その他の拘束条件付取引）が適用され違反となります。

(6) 拘束条件付取引

一般指定12項は，「その他の」は省略して，単に「拘束条件付取引」と呼ばれます。再販売価格拘束（２条９項４号）と排他条件付取引（一般指定11項）以外で，取引先に対して拘束を加える行為を広く対象としています。上記(5)で見たように，「再販売」にピタリと当てはまらなくても，同じように競争に悪影響があるなら公正競争阻害性は生じます。原則違法の再販売価格拘束を避けて，いろいろな別の方法で価格競争を回避させるなんてことも，容易に考えつきますよね。なので，広く「拘束」を対象とする条文が必要なのです。**2** (1)の排他条件付取引についても同様です。⇒172頁

広く「拘束」条件付取引を対象とする場合，競争に対して悪影響のない「拘束」まで違反にされてしまうのではないか，ということが気になります。商品やサービスの取引には，金額や数量以外にも，いろいろな取り決めが含まれていて，それらはすべて契約や合意として拘束力を持っています。これら全部が違反になる，というのでは，かえって自由な取引を害してしまいます。

そこで，行為要件と効果要件です。行為の外形上は「拘束」という行為要件に合致するとしても，実質において競争を阻害しないのであれば，効果要件である公正競争阻害性がなく適法である，という判断をします。そして，一般指定12項の条文は，公正競争阻害性を「不当に」という文言で示し，原則適法（例外違法）の行為類型であることを示しています。「拘束」に該当する行為であっても，多くの行為は公正競争阻害性はなく適法である，ということです。違法となるのは，公正競争阻害性がある場合，つまり，(a-1) 販売店間の競争回避をさせる拘束で価格維持効果が生じそうな行為と，(a-2) 他の事業者を追い出したり新規参入を阻止したりといった競争排除のための拘束で市場閉鎖効果が生じそうな行為です。

実際の運用では，(a-1) 競争回避・価格維持効果に着目した事例が多く，その行為の態様もバリエーションがあります。前の(5)と次の(7)(8)で，これらの概要を説明します。

▌(7) 価格ではない拘束（非価格拘束）▐

価格そのものを拘束するのではなくても，様々な拘束をすることで，間接的に価格競争を弱めることができます。価格を拘束すると違反になる，とわかっているので，別の方法で間接的に値下げ競争になりにくくするのです。例えば，次のような拘束があります。

① 販売価格を表示させないことで，低価格をアピールできないようにする[10]。
② 安売り業者へは供給しないことを条件として取引したり，値引きした販売店に対して供給をストップしたり不利な扱いをしたりして，値引きしないよう圧力かけたり誘導したりする[11]。

これらの行為は，販売店間の価格競争が起きないように，あるいは拡大させないようにするための行為であることが明らかですね。価格維持効果を認定しやすい行為です。取引の条件として拘束するのであれば，一般指定 12 項（その他の拘束条件付取引）を適用できます。手段として，取引拒絶（一般指定 2 項）や，価格差別（一般指定 3 項），取引条件の差別（一般指定 4 項）を用いる場合もあります（行為要件に該当するなら，論理的にはどれを適用しても間違いではありませんが，過去に類似の事例があるなら，先例にあわせて理解した方がよいでしょう）。

note
[10] ジョンソン・エンド・ジョンソン事件・公取委排除措置命令平成 22 年 12 月 1 日審決集 57 巻第 2 分冊 50 頁（百選 75 事件）。
[11] 松下電器産業事件・公取委勧告審決平成 13 年 7 月 27 日審決集 48 巻 187 頁（百選 55 事件）（一般指定 2 項適用の事例）。

安売りさせないための流通管理（本文②③のイメージ）

他方で，価格競争を制限する目的ではなく，積極的に自己の商品を販売していくために，販売店に一定の拘束をするものもあります。実際にブランド間競争を促進するのであれば，違反とすべきではないかもしれません。しかし，表向きの説明とは違って，実際にはブランド内の価格競争を制限するものもあります。これらの場合には，外形だけで一律の判断はできないので，ケース・バイ・ケースで判断するしかありません。例えば，次のような拘束があります。

③ 仲間取引の禁止など，取引先について制限する[12]。

④ 店舗の場所や，営業する地域の範囲などを定めて制限する[13]。

⑤ 説明やサービス提供を義務づけるなど，販売方法を制限する。

⑥ その他

価格競争を抑制するために値引きしにくい状況を作ったり，安売りしそうな事業者に商品が流れないようにしたりするのであれば，価格維持効果が生じ，自由競争減殺（競争回避）として公正競争阻害性が生じます。関係者の証言や

note
[12] ソニー・コンピュータエンターテインメント事件・公取委審判審決平成 13 年 8 月 1 日審決集 48 巻 3 頁（百選 70 事件）。
[13] 富士写真フイルム事件・公取委勧告審決昭和 56 年 5 月 11 日審決集 28 巻 10 頁（百選 72 事件）。

会議でのプレゼン資料などの間接証拠を使って，行為者の隠れた競争回避の意図を暴き出すことができるなら，そのような認定も判断要素になります。また，行為者の主観に頼らず客観的に合理的に見て，ブランド間競争の促進に役立つかどうかはわからないが，価格競争を抑制する効果が大きい，ということを示して公正競争阻害性を立証することも可能です。

TERM

仲間取引と「横流し」

　ある小売業者が，同業者である他の小売業者に商品を販売することを，「仲間取引」と呼びます。同業者だから「仲間」取引ということです。仲間取引を行うのは，仕入れた商品の在庫が多いときに現金化する目的だったり，数量を多く仕入れることで仕入れ先からリベートを受け取るためだったり，いろいろな意図があるようです。もちろん，仕入れた商品は，自己の所有物ですので，誰に売ろうが自由であるのが原則です。

　この仲間取引を禁止する条件をつけて取引することがあります。このとき，「横流しの禁止」という表現を使うメーカーもあります。タテではなくヨコ（競争者）に商品が流れるからです（卸から通常の取引先でない小売業者に販売する「ナナメ」の場合もあります）。「横流し」という表現だと，いかにも悪いことのように感じますが，メーカーが好ましく思っていないことを反映したものです。この場合の横流し（仲間取引）も，本来は自由な取引の一種。

Column ㉘　同等性条件（MFN 条項）

　例えば，ホテル予約サイトなど，ネット上で仲介サービスを行うデジタル・プラットフォームをイメージしてください。Y_1（予約サイト）が，自己の競争者 Y_2 らとも取引している取引相手 X_1（ホテル）らに対して，競争者と同等かそれ以上に良い条件を提示して取引するよう要求する取引条件を，「同等性条件」といいます。国際条約で，「最恵国待遇（Most Favourite Nation）」条項と呼ばれているものと同様の条件を，取引先に要求するのです（この頭文字から「MFN」です）。

　同等性条件（MFN 条項）は，競争者よりも安く仕入れることできるのであれば，競争がより活発になる，という側面があるように見えます。いちいち取引条件を交渉し直す手間を省く，という意味では合理的な側面もあるようにも見えます。しかし，Y_1 だけでなく競争者の Y_2 も，共通の取引相手 X_1 らに同等性条件を課していたらどうでしょうか？　取引相手 X_1 らは，Y_1 と Y_2 に同じ価格や

条件で取引することになります。その結果，Y_1 と Y_2 の取引条件には差がなくなり，Y_1 と Y_2 の間の競争は減殺されます。

　宿泊予約サイトの楽天トラベルが，同等性条件について確約手続（第 1 章 ⑷・1 ⑵ Column ❽ 参照）の対象となっています[14]。また，Amazon も，マーケットプレイスや電子書籍でつけていた同等性条件を，自主的に撤廃する措置をとっています[15]。
^{⇒38頁}

⑻　競争促進的な垂直的制限

　メーカーは，競争者である他のメーカーとの競争に勝つため，販売店に対して様々な要求をすることがあります（⑪・**5** 参照）。いくつか列挙してみます。
^{⇒151頁}

　①コストダウンのための拘束　　流通経路を最適で最も低コストとなるように設定し，取引先を指定したりします（「一店一帳合制」と呼ばれる取引形態も含まれます）。また，仕入量と販売量を報告させ，流通在庫を把握して最適な生産量を決め，生産コストを削減したりします。

　②品質確保のための拘束　　例えば，冷暗所に保管するとか，冷蔵トラックで輸送する，一定期間経過した商品を処分するなどを義務づけ，劣化の防止により安定した品質を確保したりします。他にも，飲食店や工務店のように，お店で材料を仕入れて加工するような場合には，その材料について，特定の種類や仕入れ先を義務づけることで，一定の味や性能をちゃんと発揮できるようにしたりします。これは，消費者の利益になりますし，そのメーカーとお店の信用にもなります。

　③消費者サービス拡充のための拘束　　販売時に説明する，使い方を指導する，などを義務づけることによって，消費者は最適な選択ができたり，購入後の性能を最大限に発揮できたりします。靴や服の試着，美容品の説明や試し塗

---

note

[14]　「楽天株式会社から申請があった確約計画の認定について」公取委報道発表資料（令和元年 10 月 25 日）。

[15]　「アマゾンジャパン合同会社に対する独占禁止法違反被疑事件の処理について」公取委報道発表資料（平成 29 年 6 月 1 日）。「アマゾン・サービシズ・インターナショナル・インクからの電子書籍関連契約に関する報告について」公取委報道発表資料（平成 29 年 8 月 15 日）。

り，自動車の試乗，家具や大型家電の実地見積もりや購入後の設置などがあります。無料のサービスとは限りません。有料サービスでも，必要なら享受できる，という安心感があります。修理の受付もそうですね。

④ブランドイメージのための拘束　　上記②③は，信用やブランドを守るための拘束でもあります。その他にも，接客サービスについてマニュアル化して上品で丁寧な接客を義務づけたりします。「スマイル0円」も，そのひとつですね。あるいは，商品の陳列場所や，陳列のしかた，広告のしかたなど，細かな義務づけをすることがあります。

⑤販売店確保のための拘束　　販売店のない地域で，新たに販売店になってもらうためには，地域を割り当てて，「この地域でお客さんを開拓できればすべてあなたの利益ですよ」という状況を作ることが有効です。ただし，他の販売店の営業地域に制限をかけることになり，それが積み重なると地域制限になります。それまで売られていなかったメーカーの商品が新しく販売されるようになるので，新規参入による競争促進となります。外国メーカーが日本に輸出する際にも，輸入総代理店となる事業者を定めて，日本への独占輸入を認める契約をしたりしますね。未知の商品を売り出す際には，利益が見込める状況が見えないと，なかなか手を出しにくいものです。逆に，日本で輸入できるのは自分だけだ，と保証されているなら，投資として販売促進のための費用を支出するインセンティブになります。

　以上のように，取引先にいろいろな拘束をすることがありますが，競争を促進し，消費者の利益になるものもあります。上記①〜⑤以外にもたくさんあることでしょう。(a)それが当該商品の販売のためのそれなりの合理的な理由に基づくものと認められ，かつ，(b)他の取引先に対しても同等の制限が課せられている限り，それ自体としては公正な競争秩序に悪影響を及ぼすおそれはない，と考えられています[16]。しかし，「公正な競争を阻害するおそれ」があれば，つまり，価格維持効果や市場閉鎖効果が生じる場合には，①〜⑤のような理由をつけていても違反となります（(7)参照）。拘束している行為者の真の意図を

note ───●

[16] 資生堂事件・最判平成10年12月18日民集52巻9号1866頁，花王事件・最判平成10年12月18日審決集45巻461頁（百選71事件）。

探ったり，言っている表向きの目的を達成する手段として合理性があるかを検討したり，客観的に競争にどのような影響が生じているかをみたりすることが必要になります。上記(b)は，特定の取引相手にだけ拘束をすることで，値引きをやめさせる圧力としているような場合に，価格維持を目的としているなどの行為者の真の意図を暴くのに役立ちます。

Column ㉙　チェーン店と価格

　全国にチェーン展開している有名な飲食店，例えば，同じ銘柄のハンバーガー，牛丼，アイスクリーム，コーヒーなど，同じサイズで同じ味，同じトッピングなのに，店が違うと価格が違う，ということはあるでしょうか？　どの店でも，同じ価格で，同じ味，同じサービス，というイメージです。フランチャイズ本部は，全国一律の品質とサービスを提供するため，材料や調理方法，サービスマニュアル，店舗の構造など，多くの義務づけをしています。全国どのお店でも高水準の品質とサービスで利用できることを示すことで，安心感を与え，集客できるからです。

　しかし，価格については，本部は拘束はしていない，ということになっています。フランチャイズの各店舗の経営者は，別の事業者（別会社）なのです。同じような価格になっていても，価格はそれぞれのお店が決めている，というのが公式見解です。公正取引委員会も，価格拘束は原則違法である，という考えを維持しています。少数ですがフランチャイズ本部の直営店も存在しますので，直営店の価格であれば，本部が決めても自分自身の価格設定となり問題ありません。

---

(9)　学生Aの感じた「不公正」

⇒144頁
ここで，❷・❶の学生Aの例を検討してみましょう。

　学生Aは，「駅前のドラッグストア，ブランド品の化粧品の割引が他よりも大きくて，いつもそこで買ってたんです。なのに，きのう行ったら値上げしてました。なじみの店員さんに聞いてもはっきり言わないんですが，どうもメーカーに目をつけられたみたいです」と言っていました。

　化粧品の価格について，あまり割引しないように言われたなら，2条9項4号の再販売価格の拘束ですね。価格ではなく，取引条件とか，供給量の制限と

か，いろいろな手段で割引しにくい状況に追い込まれたのであれば，その手段に応じて規定を使い分けていく必要があります。一般指定 12 項の拘束条件付取引だけでなく，取引拒絶や価格・条件の差別を適用する場合もあります。いずれにせよ，価格維持効果が生じているなら，自由競争減殺として公正競争阻害性を認めることができます。他方で，ブランド間競争促進のための合理的な行為の場合もある，というのは，前の(7)(8)のとおりです。

2　競争排除（市場閉鎖効果）

(1)　排他条件付取引

自由競争の減殺の 2 つめ，(a-2) 競争排除・市場閉鎖効果を生じる行為の例として，排他条件付取引（一般指定 11 項）を取り上げます。

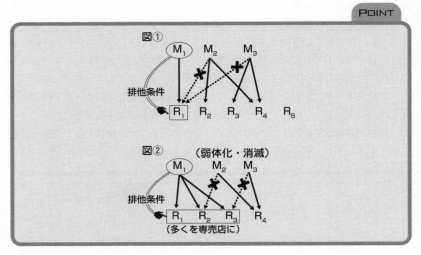

POINT

排他条件付取引は，自分の競争者と取引しないことを条件に取引することです。**他**の競争者を**排**除する**条件**を**付**けた**取引**だから，排他条件付取引です。いわゆる専売店をイメージしてください。**POINT** の図①のように，メーカー M_1 の商品だけを仕入れて販売する専売店 R_1 は，M_1 との契約で，M_2 や M_3 といった M_1 の競争メーカーから仕入れないように義務づけられます。

取引相手の R_1 の自由を制限するからよくないんだ，と早とちりする人がい

るかもしれません。⇒152頁 ①・**5**に書いたように，R_1 が専売店になるのには理由があって，それ相応の優遇を受けることが前提で専売店となっているのです。メーカーと販売店が協力して，M_1 ブランドの商品の販売を推進していくための契約，と見ることもできます。

では，M_2 や M_3 といった競争者が R_1 と取引できなくなってしまって排除されるから競争に悪影響が出る，ということでしょうか？ これは，半分正解です。ただし，M_1 と R_1 の間の専売店契約だけでは，通常，競争に悪影響が出るほどの排除は生じません。M_2 や M_3 は，$R_2 \sim R_5$ などの販売店と取引することが可能だからです。なので，排他条件付取引は，多くの場合は公正な競争を阻害するものではなく，原則適法な行為類型とされています。一般指定11項は，「不当に」と規定していますね（①・**4**）。⇒151頁

排除が生じるのは，図②のように，M_1 が，R_1 だけでなく，R_2 も，R_3 も……，と多数の販売店を M_1 の専売店にしてしまうような場合です。競争者の M_2 や M_3 は取引相手の多くを失ってしまい，事業継続が困難になったり，廃業とまでいかなくても相当不利になり競争力を失ったりするでしょう。

このような排除（市場閉鎖効果）を生じさせるには，かなり多くの販売店を専売店にしなければなりませんし，それを実行できるのは，M_1 が，M_2 や M_3 よりも大規模なメーカーで市場において有力な場合だけです。①有力な事業者が実施して，②代替的な取引先を容易に確保することができなくなり，既存の事業者や新規参入が排除される場合に，自由競争の減殺（競争排除・市場閉鎖効果）が生じ，公正競争阻害性が認められることになります。過去の事例では，取引先となりうる相手方の約3分の1を専売店とした場合に違反となった事例があります[17]。

---

note

[17] 東洋精米機事件・東京高判昭和59年2月17日行集35巻2号144頁（百選65事件）。裁判所は審決を差し戻しましたが，結局，被審人（行為者）が違反を認めました。公取委同意審決昭和63年5月17日審決集35巻15頁。

(2) 類似の行為

　競争排除（市場閉鎖効果）の典型例として，排他条件付取引（一般指定11項）を見ましたが，取引先に働きかけて，競争者と取引させないようにする行為でした。これは，自分以外の「すべての競争者」との取引をしないことを条件とします。

　似たような行為には，特定の競争者 M_2 との取引は認めないが，その他の競争者 M_3 との取引は認める，というものがあります。こうした内容を取引の条件として提示するなら，その他の拘束条件付取引（一般指定12項）の適用を考えます[18]。あるいは，取引の条件として，というよりは，個別に取引を拒絶させている，という行為であれば，単独の（間接）取引拒絶（一般指定2項）の適用もありえます。どちらも，M_2 等の標的となった競争者は，排他条件付取引と同様に取引先を失いますね。この排除によって，競争排除（市場閉鎖効果）といえる自由競争減殺が生じるなら，公正競争阻害性が認められます。

　排除の標的は，M_1 の競争者だけではありません。取引先の R_1 らについても，取引を打ち切られたら，事業活動が困難になったり，競争上不利になったりして，取引先段階での競争が弱まってしまうかもしれません。競争者，取引相手，さらにその先の取引相手，と排除される対象は様々ですが，ともかく，他の既

---

note

[18]　大山町農協事件・公取委排除措置命令平成21年12月10日審決集56巻第2分冊79頁（百選74事件）。

存の事業者や，新規参入しようとする事業者を排除することで，競争を減殺させる行為が，競争排除（市場閉鎖効果）を生じさせることがあります。そのような効果を生じさせる行為であれば，それぞれにふさわしい規定を選んで適用します。

　価格差別（2条9項2号，一般指定3項）や取引条件の差別（一般指定4項）も，拒絶の代わりに不利な取引条件を突きつけることで，取引拒絶と同様の競争排除（市場閉鎖効果）を生じさせることができます（**4** 参照）。_{⇒182頁}

　逆に有利な条件を提示することで，取引先をごっそり奪って，競争者が代替的な取引先を容易に見いだせなくなれば，同様の競争排除（市場閉鎖効果）が生じるかもしれません。不当廉売（2条9項3号，一般指定6項）も，費用割れの安い価格で取引先をごっそり奪う行為です（**5** 参照）。価格や取引条件を有利にする差別（2条9項2号，一般指定3項・4項）もありえます。

　これらと同様に，抱き合わせ（一般指定10項）や，取引妨害（一般指定14項）でも，使い方次第で競争排除（市場閉鎖効果）を生じることがあります（**6**，**7** 参照）。

　このように，細かく見ると行為の外形は異なりますが，同じような競争制限の効果を生じるのであれば，効果要件については同様に考えることになります。同様の効果が生じる行為を漏らさず規定しようとして，行為類型の数が増えているのです。その結果，1つの行為に対して，見方によっては複数の規定に該当しそうな場合もあります。それはそれでかまいません。一部重複してでも，漏れのないように規制しようとした結果です。行為要件と効果要件を充足すれば，ともかくその行為は不公正な取引方法として違反になります。（もちろん，複数の選択肢の中から，最適な規定を選んで適用するのがよいです。そのためには，過去の判例や審決例をたくさん見て，どのような特徴があり，どの規定が適用されたか，という知識の補充が必要です）。

　以上のような規定それぞれについては，次の **3** 以下で説明します。

　さらに，市場の価格や数量にまで悪影響が出るような場合，つまり，一定の取引分野における競争を実質的に制限する場合には，私的独占（3条前段）の適用も視野に入ってきます（第**2**章 1・**3** および 2 参照）。_{⇒50頁　⇒55頁}

3 取引拒絶

取引拒絶も，どのような場合に違法となるか，についての考え方は，前の **1** および **2** とほぼ同じです。(a-1) 値引き競争が起きないようにする手段として取引の拒絶を用いるか，(a-2) 他の事業者を排除することで競争を減らすか，です。ただ，適用する条文が3つ（2条9項1号，一般指定1項・2項）に分かれているので，まず行為要件を中心に説明します。

(1) 規定の使い分け

以下の(a)(b)(c)を組み合わせて，適用する規定が決まります。

(a) 共同か，単独（その他）か

競争者と共同している場合は，「共同の取引拒絶」と呼ばれ，2条9項1号か，一般指定1項になります。「共同して」とは「意思の連絡」があることをいい，不当な取引制限と同じです（第**3**章 **1**・**2**(2)参照）。共同する相手と競争者であることは，規定に明示されています。単独の場合，あるいは，競争者でない者と共同している場合は，一般指定2項になります。
⇒80頁

(b) 販売の拒絶か，購入の拒絶か

取引拒絶の「取引」には，「供給する」と「供給を受ける」があります。簡単にイメージすると，販売を拒絶する（売ってあげない）なら「供給する」ことの拒絶で，購入を拒絶する（買ってあげない）なら「供給を受ける」ことの拒絶です。販売／購入，貸し／借り，ライセンス許諾する／ライセンス許諾を受ける，などの場合にもそれぞれ，供給する／供給を受ける，に分けられます。競争者と共同して取引拒絶する場合，「供給する」ことの拒絶であれば2条9項1号，「供給を受ける」ことの拒絶であれば一般指定1項となります。とりあえずは，売るのを拒絶するか，買うのを拒絶するか，の違いだ，とイメージして区別してください。その他（単独）の取引拒絶は，販売も購入もまとめて「取引」として一般指定2項になります。

(a)	競争者と共同している（共同の取引拒絶）		競争者と共同していない（単独の取引拒絶）
(b)	販売の拒絶	購入の拒絶	取引（販売・購入）の拒絶
(c) 直接	① 2 条 9 項 1 号イ	② 一般指定 1 項 1 号	③ 一般指定 2 項前段
(c) 間接	④ 2 条 9 項 1 号ロ	⑤ 一般指定 1 項 2 号	⑥ 一般指定 2 項後段

※①と④は，10 年以内に繰り返した場合に課徴金（20 条の 2）

①共同（直接）

Y_1　Y_2　Y_3
①X_1には売らない
X_1　X_2　X_3

②共同（直接）

X_1　X_2　X_3
②X_1からは買わない
Y_1　Y_2　Y_3

③単独（直接）

Y_1　Y_2　Y_3
③X_1とは取引しない
X_1　X_2　X_3

④⑤共同（間接）

A
④Y_4には売らせない
Y_1　Y_2　Y_3　Y_4
⑤Y_4からは買わせない
X_1　X_2　X_3
④Z_3には売らせない
Z_1　Z_2　Z_3

⑥単独（間接）

Y_1　Y_2　Y_3
⑥Y_3と取引させない
X_1　X_2　X_3
⑥Z_3と取引させない
Z_1　Z_2　Z_3

※矢印の向きが販売（供給）を表しています。③と⑥は両方（販売・購入）を含みます。

・単独の取引拒絶（一般指定 2 項）　　　　　　　　　　＝ 原則適法・例外違法
・共同の取引拒絶（2 条 9 項 1 号，一般指定 1 項）＝ 原則違法・例外適法

(c) 直接か，間接か

　行為者自身が拒絶する場合が直接の拒絶，他の事業者に拒絶させるのが間接の拒絶です。2 条 9 項 1 号はイとロ，一般指定 1 項は 1 号と 2 号，一般指定 2

項は前段と後段で，それぞれ直接と間接の拒絶が規定してあります。

(2) 原則と例外

　(1)の POINT の図③で，仮にあなたが Y_1 だったとして，売り手 X_1 から購入しようと値引き交渉したとします。X_1 は，あなたの要求に応えて値引きして売ることもできるし，値引きに応じず売らないこともできます。値引きしてくれない場合，あなたは X_1 から高い値段で買うことを拒絶し，交渉に応じてくれる可能性のある X_2 や X_3 のところに行って再交渉できます。あなたは最も取引条件のよい相手を選んで取引することができますし，それは X_1 も X_2 も X_3 も同様です。自由な競争は取引相手を選べることでもあり，$X_1 \sim X_3$ の間に競争があります。そのことは，選ばれなかった相手との取引を拒絶する自由があるということでもあります。このような取引の拒絶は，自由な競争の一部分であり，競争を阻害するものではありません。むしろ，競争が行われた結果です。独自の判断（単独）で取引を拒絶することは，多くの場合には競争を害するものではなく違反とはならないので，「不当に」（原則適法・例外違法）としています（一般指定２項）。

　それでは，図①のように，$Y_1 \sim Y_3$ が話し合って，X_1 には売らない，という合意をしていたらどうでしょうか？　X_1 は $Y_1 \sim Y_3$ のいずれとも，取引できなくなります。$Y_1 \sim Y_3$ の全員から一切の取引を拒絶されると，X_1 は市場から排除されることになるでしょう。完全に市場から排除されなくても，X_1 の競争力は低下して，全体としての競争は弱まるでしょう。$Y_1 \sim Y_3$ 間の合意は，

$Y_1 \sim Y_3$ の間の競争をなくし，強い排除効果を生じさせます。このように，競争者が共同して，①販売しない，②購入しない，④販売させない，⑤購入させない，といった行為は強い影響力があり，それが競争に悪影響を生じがちであると考えられます。したがって，競争者が集まって共同して取引を拒絶する場合は，「正当な理由がないのに」（原則違法・例外適法）の扱いになっています（2条9項1号，一般指定1項）。

　もちろん，いずれの場合も原則であり，例外もありうるので，具体的な事例ごとにケース・バイ・ケースの判断が必要になります。

　取引先を競争させ，より良い取引条件を提示させることは，価格・品質・サービスなどの効率性を向上させます。消費者にとっても，社会全体にとっても，利益を増大させます。より良い条件を提示できず，取引相手に選ばれなかった事業者は，顧客から取引拒絶をされます。その結果，その事業者は市場から淘汰（とうた）されることになるかもしれません。競争による淘汰は，仕方のないことです（第**2**章①・1 ⇒46頁 参照）。取引の拒絶は，使い方次第で，競争を促進することもあれば，自由競争を減殺させ公正な競争を阻害するおそれが生じる場合もあります。

(3)　共同の取引拒絶

　取引拒絶による競争の阻害というと，拒絶された事業者が排除され，事業者（競争者）の数が減ることで競争が減る，というパターンをイメージできます（①・**4**(1)の ⇒149頁 (a-2) 型）。

　(1)の **POINT** の図①②④⑤の共同の取引拒絶であれば，拒絶された事業者は，他に取引相手を見つけることが難しくなり，排除されることになりそうです。完全に市場から排除されなくても，取引相手の多くを失えば，良い取引条件を引き出すことは難しくなり，競争においては不利になり，競争は弱まるでしょう。

　競争者が集まって共同の取引拒絶を行う場合，このような排除が生じる可能性が高く，多くの場合には自由競争を減殺させると見込まれるため，原則として公正競争阻害性が生じる（原則違法）の行為類型とされています。公正取引委員会は，「特段の事情がない限り」公正競争阻害性が生じる，という説明を

しています。

　ただし，例外がないとはいえません。業界全体で集まっているような場合ではなく，例えば100社いる競争者のうちの2社が提携して共同仕入れする合意をし，共同で取引先を選定し，良い条件を提示できなかった事業者とは2社とも取引をしなかった，というような場合も考えられます。この場合も，2社は競争者であり，共同して，取引を拒絶する，という行為要件には合致していますが，原則通り違法にすべきでしょうか？　やはり，ここは例外として適法とすべきでしょう。行為要件は行為の外形であり，実質の評価は具体的な事案ごとに，どのような規模で，何を目的として行い，どのような影響があるか，を評価する必要があります。

　また，共同の取引拒絶は，社会公共的な目的のために使われることもあります。例えば，消費者の安全を守るため，危険性の高い商品を売らないよう業界全体で合意するような場合が考えられます。このような場合，競争が減ったとしても，より大事な価値（生命，健康，安全など）を守るための例外として扱うことが必要です（第**1**章**3**・**3**(2)および第**3**章**2**・**3**(2)参照）^{⇒35頁　⇒94頁}。ただし，いろいろな理由をつけて競争制限目的を隠している場合もあるので，目的の合理性，内容の合理性，実施方法の合理性を確認しなくてはなりません[19]。

(4)　単独の取引拒絶

　単独の取引拒絶の場合はどうでしょうか。(2)で見たように，経営判断として独自に取引相手を選んだ結果であれば競争の一部ですし，拒絶された事業者も他の取引先を見つけることができそうです。取引を拒絶した事業者が市場の取引の多くの部分を占めていて，拒絶されると，他の代替的な取引先を容易に見つけることができないような状況でないと，拒絶された事業者が排除されることにはなりそうにないですね。公正取引委員会は，有力な事業者が実施して，市場閉鎖効果が生じる場合に問題となる，と流通取引慣行ガイドライン（第2部第3・2）の中で述べています。排他条件付取引と考え方は同じです（**2**参照）^{⇒172頁}。

　取引拒絶はいろいろな使い方があり，特定の事業者を追い出す手段であった

note―――●
[19]　日本遊戯銃協同組合事件・東京地判平成9年4月9日審決集44巻635頁（百選6事件・43事件）。

り，新しい競争者が参入できないようにする嫌がらせであったりする場合もあります（①・**4**(1)の ⇒149頁 (a-2) 型）。そのような目的が明らかであるなら，それも考慮要素の１つに加えて，実際の影響を評価することになります。

取引拒絶は，取引先の間の競争を回避させ，価格維持効果を生じさせる場合もあります（①・**4**(1)の ⇒149頁 (a-1) 型）。例えば，(1)の POINT の図⑥の Z_3 が，Y_1 製品を安売りして，Z_1 や Z_2 との間で Y_1 製品の値下げ競争になっていたとします。Y_1 は，自社製品が安売りされることを望まず，Z_3 での安売りをやめさせるため，Z_3 が仕入れていた X_1 に働きかけ，Z_3 への Y_1 製品の供給を打ち切らせました（単独の間接の取引拒絶）。その結果，Z_1 と Z_2 は Y_1 製品を値下げする必要がなくなり，Z_1 ～ Z_3 の間の価格競争が回避され，価格維持効果が生じます[20]。このような安売り防止のための取引拒絶は，目的からして競争を制限するものです。単独の取引拒絶が原則適法の行為類型だとしても，例外的に公正競争阻害性が生じ違法となります。

(5) 不公正な取引方法と３条の関係

競争排除（市場閉鎖効果）にせよ，競争回避（価格維持効果）にせよ，規模が大きく，市場の競争に対する悪影響が大きければ，「一定の取引分野における競争を実質的に制限」するレベルに達する可能性があります。その場合は，私的独占（3条前段）または不当な取引制限（3条後段）として検討することになります。とりあえず，市場の価格や数量に影響が出るレベルの場合だとイメージしておいてください。

例えば，安い輸入品が国内市場に入ってきそうな状況で，国内の製造業者のほとんどが合意して，取引先に働きかけ，一切の輸入品を扱わせないようにしているような場合を考えてください。安い輸入品によって国内市場で競争が活発になり，本来は市場メカニズムが機能して価格が下がるはずだったのに，人為的にこれを阻止していることになります（第**1**章③・**1**参照）。 ⇒25頁 このような場合は，市場における「競争を実質的に制限」しているものと評価できます。競争者同士の共同行為であれば，3条後段の不当な取引制限の一種である共同ボ

---

note

[20] 松下電器産業事件・公取委勧告審決平成13年7月27日審決集48巻187頁（百選55事件）。

イコットとなる可能性があります（第**3**章②・**2**参照）。単独で行ったり，差別，廉売，抱き合わせ等，この後で説明する行為を手段として，同程度の悪影響が生じた場合も，やはり３条前段の私的独占となる可能性があります（第**2**章②参照）。

⇒90頁
⇒50頁

Column ㉚　競争排除による競争回避

　「拒絶」や「差別」といった行為の公正競争阻害性については，（a-2）競争排除・市場閉鎖効果だけを思い浮かべ，（a-1）競争回避・価格維持効果を忘れてしまう人が多くいるようです。「拒絶（差別）されると，不利になって，追い出される。だから，排除だ」という行為のイメージや語感からの思い込みです。本文で解説しているように，安売り業者との取引を拒絶（差別）することで，競争回避・価格維持効果を生じる場合もあることを，意識して忘れないようにしてください。

　もちろん，安売り業者を排除して，価格維持をしている，という実態を見れば，競争排除・市場閉鎖効果がないわけではありません。しかし，その結果生じている競争回避・価格維持効果の方が，競争に与える悪影響が明白で重大です。こちらを見落としていると，行為の目的が何か，どのような競争制限が起こっているか，という大事な部分を理解していないことになりますので注意してください。

4　不当な差別

　価格差別（２条９項２号，一般指定３項）と取引条件の差別（一般指定４項）についても，**3**の取引拒絶と類似しています。取引拒絶は，特定の相手だけを取引対象から除外するという差別，ととらえることもできますから，考え方は同じです。（a-1）値引き競争が起きないようにする手段として差別を用いるか，（a-2）他の事業者を排除することで競争を減らす差別か，です。

⇒176頁

差　別

　私たちは，子どもの頃から，「差別をしてはいけません！」と教育されてき
ました。「差別」という言葉には，悪いイメージがあります。このときに想定
されている差別は，部落差別，人種差別，男女差別など，人権に関わる差別で
す。独占禁止法における価格差別や取引条件の差別は，そのような人権侵害を
前提としていません。形の上で，取引相手によって価格や取引条件に差異が生
じている，というだけなので，「差別」という言葉に過敏に反応しないように
してください。

(1)　規定の使い分け

　差別したのが対価（価格）であれば，2条9項2号または一般指定3項を適
用し，その他の取引条件の差別であれば，一般指定4項を適用する，という使
い分けになります。

　納期や，支払・決済手段，引渡し方法などが相手方によって異なる場合，対
価ではなく，その他の取引条件の差別です。では，一定金額以上であれば送料
無料にする，というのは対価でしょうか，その他の取引条件でしょうか？　一
定金額以上の購入で一定率の金銭を払い戻す，というリベートはどうでしょう
か？　どちらも，支払う金額に関わってくるので対価と見ることもできますし，
単なる価格設定ではなく取引条件の一部なのでまとめて取引条件と見ることも
できます。

　このように，対価（価格）の設定も取引条件の一種ですから，価格差別と取
引条件の差別が重なってくることもあります。公正取引委員会が過去に取り上
げたリベートの事例でも，一般指定3項のものと4項のものがあります。明確
な基準はありませんが，単なる値引きと同視できるような条件設定は3項，も
うちょっと複雑な条件設定だと4項，と整理しておくのがよいかもしれません。

　価格差別については，これまでの事例では一般指定3項を用いるのが通常で
した。現在は，「供給」の対価について，「継続して」差別を行い，「他の事業
者の事業活動を困難にさせるおそれ」がある場合には，2条9項2号を適用す
ることになっています。課徴金制度が導入された際に，このような行為を限定

的に抜き出して課徴金の対象として規定しました（(3)の Column **㉛**^{⇒187頁}参照）。

(2) 公正競争阻害性

取引の相手方によって価格や取引条件に差が生じることは，よくあることです。まとめ買いで大量購入してくれる取引相手には，特別の値引きをしたり，送料無料にしたり，支払時期を遅らせたり，割賦販売にしたりして優遇しますね。このような取引は，費用削減になりますし，大きな売上げや利益が見込まれますから，それを反映した条件になることには合理性があります。また，自由に取引条件を交渉していれば，競争の結果として，取引相手によって価格や取引条件が異なってしまうことも当然にあります。

価格や取引条件を優遇することも，差異をもうけるという意味では外形上は差別に該当します。しかし，行為要件に合致したとしても，多くの場合には競争を阻害するものではありません。したがって，原則適法・例外違法の行為類型とされ，規定には「不当に（な）」という文言が記されています（**1**・**4**(2)参照）。

違法とすべきは，(a-1) 値引き競争が起きないようにする手段として差別を用いる場合（競争回避・価格維持効果）と，(a-2) 他の事業者を排除することで競争を減らす差別である場合（競争排除・市場閉鎖効果）です。

差別には，特定の相手を優遇する差別と，不利に扱う差別とがあります。特に優遇する差別は，積極的に競争して値引きや良い条件を提示している場合が多いので，安易に違法としないように慎重な検討が必要です。行為者がどのような使い方をしているか，どのような影響が競争に対して生じているか，を見て，ケース・バイ・ケースで判断しなければなりません。

リベートを例に見てみましょう。リベートは，割戻金ともいい，事後的な値引き（キャッシュバック）と考えてください。値引きですから，価格競争を促進している場合がほとんどです。しかし，そのリベートを与える条件の設定方法によっては，競争者を排除する効果が生じる場合もあります。

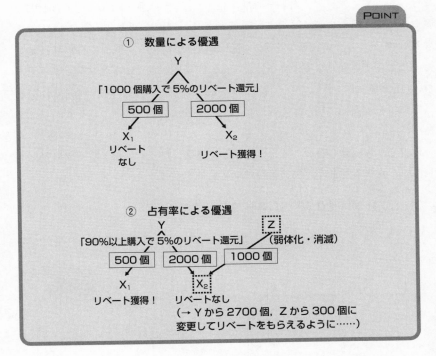

① 数量による優遇

Y

「1000個購入で5%のリベート還元」

500個　　　2000個

X₁　　　　　　X₂
リベート　　　　　リベート獲得！
なし

② 占有率による優遇

Y　　　　　　Z
　　　　　　（弱体化・消滅）
「90%以上購入で5%のリベート還元」

500個　　2000個　　1000個

X₁　　　X₂
リベート獲得！　リベートなし
（→Yから2700個，Zから300個に
変更してリベートをもらえるように……）

　POINT の①は，数量に応じて，大量に購入した相手にだけリベートを与える，というものです。X₁よりもX₂の方が，実質的に値引きされているのと同じですから，差別に形式上は該当します。しかし，大口顧客を優遇するのは競争手段として当然のことですし，まとめ買いによって費用が削減できた分を還元するのは合理的で，それによって競争が促進されます。したがって，①のような条件設定は，通常は適法とされます。

　POINT の②は，取引相手の仕入れ量の90%以上をYから購入した場合にだけリベートを与える，というものです。X₁は，Yからのみ仕入れているので，仕入率100%になり，リベートを獲得します。ところが，X₂は，Zからも仕入れているので，X₁よりもYからの購入量が多いのに，リベートをもらえません。感覚的にも，おかしい，と感じますよね。このままだと，X₂は，Zからの購入量を300個以下に減らして，Yからの購入量を2700個以上に増やし，Yからリベートをもらえるようにするかもしれません。そして，図にはあり

ませんが，X_3，X_4，…，といった取引相手が同様の行動をとると，Z は取引数量の多くを失う可能性があります。排他条件付取引と考え方は同じです（**2(1)**参照）。Y が有力な事業者であり，競争者 Z らが代替的な取引先を容易に見つけることができなくなるような場合には，市場閉鎖効果が生じ，公正競争阻害性（自由競争減殺）が認められます（**1・4(1)**の（a-2）型）。一定の取引分野における競争を実質的に制限する場合には，私的独占になります（第**2**章**2・3(2)**参照）。

他方で，値引きしないことを条件にして優遇したり，値引きした取引先を不利にしたりする差別は，価格維持効果を生じます（**1・4(1)**の（a-1）型）。

(3) 「同等に効率的な事業者」基準

LP ガスの値引き販売について，価格差別ではないか，と争われた事件があります。

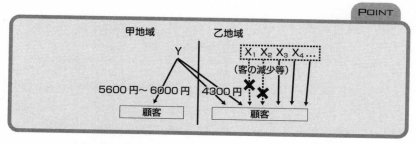

LP ガス販売事業は，ガスの入ったボンベを各家庭に設置し，減ってきたら交換する，という事業です。昔から都市ガスのない地域では一般的なもので，日本全国の家庭の半分近くが LP ガスです。その地域に密着した小さな販売業者が多くいます。

甲地域では，大手販売業者の Y が攻勢をかけて，既に多くを自己の顧客にしていました。そこで，まだ小規模な販売業者ばかりの乙地域に進出し，新たな顧客を獲得することにしました。Y は，乙地域では，甲地域よりも低い価格に設定し顧客を集めました。とはいっても，Y の乙地域での価格は，利益幅を小さくしましたが，原価（費用）割れではありませんでした。Y は，乙地域の小規模販売業者 X_1 らよりも大量に仕入れるため費用が低く，販売価格を

相対的に低い価格にすることができたのでした。これに対して，X₁らは，このままでは顧客の多くを奪われることになる，とおそれ，Yが地域によって異なる価格をつけているのは一般指定3項の価格差別である，として裁判所に訴えました。

　裁判所は，行為者と「同等に効率的な事業者」でも立ち行かなくなる場合を基準とし，違法ではないと判断しました[21]。もしもX₁らの費用が高くて対抗できず，顧客を失うのであれば，それは仕方ないことである，ということです。同時に，裁判所は，採算度外視の原価割れの価格で，顧客を奪い，競争者を排除する場合には違法となりうることも示しています。例えば，甲地域で得た利益をつぎ込んで，乙地域で採算度外視の低価格で販売する場合です。原価割れに着目するこの考え方は，**5** で扱う不当廉売に通じるものです。

Column ❸❶　価格差別と課徴金

　2条9項2号の価格差別は，10年以内に繰り返した場合に，課徴金の対象となります（20条の3）。なぜ，一般指定3項の中から，「供給」の対価について，「継続して」差別を行い，「他の事業者の事業活動を困難にさせるおそれ」がある場合を抽出して2条9項2号に置いたのでしょうか。

　本文であげたLPガス事件の判決の中では，「原価割れ」かどうかも重視されています。「原価割れ」の低価格は，通常，不当廉売（**5** 参照）として問題になりますが，価格差別も「原価割れ」の場合には不当廉売と重複する可能性があることが，この判決で明らかになりました。

　著しい費用割れの不当廉売（2条9項3号）を課徴金の対象とするなら，同じように原価割れの価格差別も課徴金の対象にしないとおかしい，ということで，2条9項2号ができたようです。条文を比べると，「供給」，「継続して」，「他の事業者の事業活動を困難にさせるおそれ」という要件が共通していますね。

　ただし，実際にできあがった2条9項2号には，「原価割れ」などの文言はありません。原価割れでないと2条9項2号を適用できないのかどうか，については，議論があります。公正取引委員会は，規定に文言がないのだから，原価割れに限定されるものではない，と考えているようです。

---

note

[21]　LPガス事件・東京高判平成17年4月17日審決集52巻789頁・東京高判平成17年5月31日審決集52巻818頁（百選56事件）。

⑷　事業者団体内部における差別

　事業者団体内部における差別的取扱いについて，一般指定5項が規定されています。

　団体の内部のことは，基本的には自治に任せます。しかし，カルテルや談合への参加強制の手段として団体内部における差別が行われる場合が考えられます。

　また，特定の取引先と結託して，その取引先の競争者との取引をさせないよう，内部で差別的な取扱いがなされる場合があります。例えば，北海道のある村の酪農家の組合（農協）が，生乳の出荷先を乳業メーカー A 社に一本化する方針を決議し，A 社以外の乳業メーカーに出荷した酪農家を不利に扱う差別をした行為について，違反とされた事例があります[22]。

5　不当な対価

　不当に安い価格で販売する不当廉売（2条9項3号，一般指定6項）と，不当に高く買う不当高価購入（一般指定7項）があります。ここでは，主に，不当廉売を取り上げます。「廉売（れんばい）」は，「安売り」と同じ意味です。

⑴　安く売って何が悪い！

　安売りは，売り手にとっては競争の重要な手段ですし，買い手にとっては直接的な利益になります。安売りは，競争を活発にする原動力です。なのに，なぜ，廉売（安売り）を禁止する規定が，独占禁止法にあるのでしょうか？

　通常，「価格＝費用＋利益」となっています。値下げするなら，利益を少なくするか，費用を削減するかして，合計した価格を下げます。薄利多売（はくりたばい）は，利益を少なくしても，数が多く売れれば合計して大きな利益が得られる，というものです。薄利多売の価格は，少なくとも費用を上回り，利益がある価格となります。

　では，通常ではない，異常な安売りとはどのような価格でしょうか。それは，

note
[22] 浜中村主畜農協事件・公取委勧告審決昭和 32 年 3 月 7 日審決集 8 巻 54 頁。

費用を下回る価格での安売りです。もちろん利益はなく，売れても費用を下回るので損をします。数多く売れれば売れるだけ，損が累積して増えていきます。それにもかかわらず，費用を下回る価格で安売りすることがあるのです。販売を打ち切った方が損失を抑えられるのに，なぜ，販売を続けて損失を増やすのでしょうか？ それは，競争者から，客を根こそぎ奪うためです。競争者が客を失い，市場から出て行った後に，値上げをして元を取るつもりなのです。競争者が排除された後は自分が独占するので，高めの価格で長期間にわたって大きな利益を獲得できます⇒53頁（第**2**章②・**2**参照）。

このような異常な安売りは，長い目で見れば，市場の競争に悪い影響があります。独占禁止法が禁止する不当廉売は，このような異常な安売りです。

(2) 条文の使い分け

不当廉売には，「正当な理由がないのに」と規定され原則違法の行為類型になっている2条9項3号と，「不当に」と規定され原則適法となっている一般指定6項とがあります。

POINT

> **2条9項3号**
> 　「正当な理由がないのに」
> 　　①「供給に要する費用」を
> 　　②「著しく下回る」対価で
> 　　③「継続して」供給し
> 　　④「他の事業者の事業活動を困難にさせるおそれ」
>
> **一般指定6項**
> 　「不当に」
> 　　⑤その他「低い対価」で供給し
> 　　④「他の事業者の事業活動を困難にさせるおそれ」

比べてみると，④は両方にあり共通していますが，原則違法の2条9項3号は①～③という要件があって，一般指定6項の⑤の要件よりもハードルが高く，すべて満たす場合は少なそうだ，ということがわかります。廉売は価格競争ですから，要件を厳しくして，むやみやたらと原則違法にならないようになって

います。行為の外形から見ても，明らかに，競争者を排除して独占するために安売りしているな，とわかるようなものに限定しているのです。

単に①価格が供給に要する費用を下回っているだけでなく，②その程度が費用を著しく下回るもので，③一時的なものではなく継続して行うものであり，④他の事業者の事業活動を困難にさせるおそれがある，という場合です。このような要件を備えた安売りは，外形から見ても危険な兆候が現れているので，原則として違法としているのです。もちろん，例外もありますが。

(3) 原則違法の不当廉売

(a) 費用基準

例えば，お店で牛乳を1本売ろうとしたら，どんな費用がかかるでしょうか？ まずは，牛乳の仕入れ値です。それに，牛乳を工場から店舗に運ぶ運送費，折込み広告のチラシ代，お店で商品を並べる人やレジの人の人件費，冷蔵庫の電気代，冷蔵庫などの設備代，店舗の賃料，さらには，本社の事務員や役員などの人件費，交通費などなど。牛乳1本の価格には，その牛乳の仕入れ値の他に，いろんな種類の費用が少しずつ上乗せされ，さらに利益が上乗せされて，その販売価格がつけられています。

さて，①「供給に要する費用」とは，どの費用でしょうか？ そして，②「著しく下回る」対価というのは，どの程度の価格なのでしょうか？

基準となる費用については，長い議論がありましたが，とりあえず，公正取引委員会が不当廉売ガイドライン[23]を公表した際に図で示した説明資料を見てください[24]。

note ───
[23] 「不当廉売に関する独占禁止法上の考え方」（平成21年12月18日）。
[24] 公取委報道発表資料（平成21年12月18日）資料1。

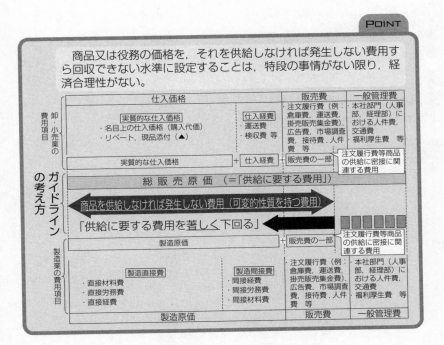

商品又は役務の価格を，それを供給しなければ発生しない費用すら回収できない水準に設定することは，特段の事情がない限り，経済合理性がない。

いろいろな費用の例が示されていますね。一番上に基本となる考え方が示されています。

図の中段の「ガイドラインの考え方」の部分に，重要なことが示されています。

・「供給に要する費用」とは，「総販売原価」である。
・「著しく下回る」対価とは，「商品を供給しなければ発生しない費用（可変的性質を持つ費用）」さえも回収できない水準の価格である。

牛乳１本の費用には，その１本の牛乳のためだけにかかる費用と，その他の商品にも共通してかかる費用とがあります。共通してかかる費用は，牛乳だけでなく他の商品にも広く薄くかかっているので，とりあえず脇へ置いておくとして，最低限，その１本の牛乳のためだけにかかる費用は回収しなければまともな商売にならない，ということです（図の一番上にある基本となる考え方だと

「経済合理性がない」ということになります）。そういった費用さえも回収できない
ような価格だと，売れば売るだけ損が増えるのになぜ売り続けるのか，何か別
の意図，つまり競争者を排除するための採算度外視の費用割れ販売ではないの
か，という疑いが強くなるわけです。その1本の牛乳のためだけにかかる費用
が，「商品を供給しなければ発生しない費用（可変的性質を持つ費用）」と表現
されています。

TERM

可変的性質を持つ費用

　公正取引委員会のいう「商品を供給しなければ発生しない費用」は，経済学
では「回避可能費用」と呼ばれています。これに対して，商品を供給しなくて
も発生する費用は「埋没費用（サンクコスト）」と呼ばれています。「回避可能
費用 ＋ 埋没費用 ＝ 総費用（総販売原価）」という関係になります。

　「可変的性質を持つ費用」は，経済学では，「可変費用」と呼ばれています。
可変費用は，商品の供給量の変化に応じて増減する費用で，増減しない費用は
「固定費用」と呼ばれています。「可変費用 ＋ 固定費用 ＝ 総費用（総販売原
価）」という関係になります。

　回避可能費用と可変費用は，説明が異なりますが，ほぼ同じくらいの金額に
なります。牛乳の販売をやめてしまったら節約できる費用，その1本分が回
避可能費用です。牛乳の販売量を半分，2倍，3倍と変化させてみたときに
変動する費用，その1本分が可変費用です。どちらも，牛乳1本分の仕入れ
値に少しプラスしたくらいの金額になるのではないでしょうか。

　仕入れ値を下回る価格で販売したら，細かい計算をしなくても確実に「商品
を供給しなければ発生しない費用（可変的性質を持つ費用）」を下回る価格と
わかりますね。仕入れ値を少し上回る価格のときは，ちゃんと「商品を供給し
なければ発生しない費用（可変的性質を持つ費用）」を計算してみないと判断
できません。

(b)　その他の要件

⇒189頁
　公正取引委員会の不当廉売ガイドライン（3(1)イ）によれば，(2)の POINT に
あげた③「継続して」とは，「同等に効率的な事業者の事業の継続等に係る判
断に影響を与え得るもの」である必要がある，とされています。ほんの短期間
では競争者を排除することになりませんし，排除されるとしても費用が高いだ
けの競争者は淘汰されてしかるべし，ということです。毎日連続していなくて

もよく，例えば，毎週土日など曜日を定めて行う廉売であっても，需要者の購買状況によっては継続して供給しているとみることができる場合があります。保存できる商品なら，消費者はその日をねらって買いだめしますから，それでも競争者の顧客を奪うことができます。

また，同じく④「他の事業者の事業活動を困難にさせるおそれ」については，「現に事業活動が困難になることは必要なく，諸般の状況からそのような結果が招来される具体的な可能性が認められる場合を含む趣旨」であるとしています（不当廉売ガイドライン3(2)イ）。廃業までは必要なく，「おそれ」の程度でよいのです。逆に，競争者の事業活動が好調で，困難になりそうにない，という状況であるなら④の要件を充足しない，という判断がなされます[25]。

以上の①〜④を全部充足しなければ，2条9項3号の原則違法の行為類型には合致しません。

公正競争阻害性は，④から，排除によって市場閉鎖効果が生じる場合に，自由競争減殺が認められることになります（⇒149頁　**1**・**4**(**1**)の（a-2）型）。ただし，例外的に適法とされる可能性もあります。市場価格が下落していて，行為者にとっての費用割れの水準の価格が市場価格である場合です[26]。

なお，10年以内に2条9項3号違反を繰り返すと，課徴金の対象になります（20条の4）。

Column ㉜　公共サービスの赤字運営

　国や地方公共団体が提供する役務（サービス）の中には，赤字運営が続いていて，税金で補塡（埋め合わせ）して継続しているものがあります。例えば，地方の水道事業，利用客の少ない鉄道，過疎地のバス路線などです。他にも，無料の公共サービスはたくさんあります。福祉国家なら当たり前かもしれませんが，費用割れで継続して供給しているのだから，不当廉売になる可能性はないでしょうか？

　国や地方公共団体も，「なんらかの経済的利益の供給に対応し反対給付を反復継続して受ける経済活動」をすれば事業者です。赤字経営で公共サービスを提

---

note

[25] ヤマト運輸対日本郵政公社事件・東京高判平成19年11月28日審決集54巻699頁（百選62事件）。

[26] 都立芝浦と畜場事件・最判平成元年12月14日民集43巻12号2078頁（百選59事件）。

供するなら，前出の要件①〜③あるいは⑤を充足する可能性があります。ただ，もともと収益が見込めない分野であれば，要件④の「他の事業者」がそもそも存在しない場合がほとんどです。しかし，他の事業者が存在し，「民業圧迫だ」と主張して訴えるケースも実際にあります[27]。

⑷　原則適法の廉売

上記の２条９項３号の①〜③の要件に合致しないけれども，⑤その他「低い対価」である場合に，一般指定６項を検討することになります。

公正取引委員会の不当廉売ガイドライン（4⑴）では，「低い対価」は，「供給に要する費用」すなわち総販売原価を下回っていることが必要であるとされています。となると，「供給に要する費用」を下回るが著しくない程度の廉売である場合と，「供給に要する費用」を著しく下回るが「継続して」いない（短期の）廉売である場合が考えられます。

さらに，④「他の事業者の事業活動を困難にさせるおそれ」も充足する必要があります。

これら⑤と④の要件を満たしても，原則適法です。廉売は，価格競争を促進する行為ですから。公正競争阻害性は，④から，排除によって市場閉鎖効果が生じる場合に，自由競争減殺が認められます（⑪・4⑴の（a-2）型）。
⇒149頁

どのような場合に，例外的に違法とされるのでしょうか。例えば，大手スーパーが，周辺の牛乳専売店を排除する意図で，牛乳ばかりを継続して廉売したらどうでしょう？　総販売原価以下で，「商品を供給しなければ発生しない費用（可変的性質を持つ費用）」以上の価格でも，仕入れ値の高い小規模な牛乳専売店にとっては大きな打撃でしょう。スーパーは牛乳以外の商品で赤字分を埋め合わせることができますが，牛乳専売店には困難でしょう。スーパーは多様な目玉商品を用意できるのに，なぜ牛乳ばかりを狙い撃ちして廉売するのか，というところから，競争排除の意図が見えてくるかもしれません。

---

note

[27]　都立芝浦と畜場事件・最判平成元年12月14日民集43巻12号2078頁（百選59事件）。

⑸　不当高価購入

　必要な人が高い価格をつけて購入することも，価格競争の１つです。オーク
ションや市場（いちば）の競（せ）りがそうですね。

　しかし，高い価格で原材料など必要な物資を買い占めて，競争者を排除する，
ということもありうるのではないか，と考え，一般指定７項が規定されました。
ただし，これまでのところ，この規定が適用された事例はありません。

⑹　学生Ｂの感じた「不公正」

　ここで，⇒144頁１・１の学生Ｂの例を検討してみましょう。

　学生Ｂは，「いつも行くガソリンスタンドＸ，すごく安くてたすかってたん
ですけど，公正取引委員会から警告が来て，値段が上がっちゃったんですよ！
せっかく，Ｘだけじゃなくって他のガソリンスタンドも安くなってたのに，
余計なことしないでほしいです！」と言っていましたね。

　公正取引委員会には，一般からの情報提供がありますが，その約８割が，不
当廉売の通報だそうです。おそらく，近隣の同業者が通報しているのでしょう
ね。そんな状況なので，公正取引委員会も多くの場合は正式な事件として取り
上げません。取り上げるのは，明らかに著しい費用割れである場合です。

　そして，警告というのは，正式な事件処理手続ではありません。費用割れ販
売が続いて，近隣のガソリンスタンドの事業活動が困難になるようだと，正式
に事件として取り上げる可能性がありますよ，という警告に過ぎないので，実
際にそんな状況にならないならＸはこれに従う義務はありません。

　とはいえ，Ｘとしてはリスク回避のために，従来通りの低価格競争を続け
ることを避けたのでしょう。消費者としては，Ｘの自主的判断だとしても，
値段が上がったのは残念なことですね。もちろん，公正取引委員会に対して，
「正式な事件でもないのに，実際上，価格競争を弱める結果となる警告を安易
にするべきではない」という意見を申し入れることは自由です。

　国や地方自治体の入札で，「1円」という低価格で入札して落札した例があります。もちろん採算度外視で，赤字受注です。理由はいろいろありますが，例えば，設計の仕事を獲得すれば次の設備の受注で有利になるから，とか，経験を積むための勉強代として，とか，話題になって広告効果が生じることをねらって，などです。ところが，1円入札で落札すると，「非常識だ！」と業界やメディアなどからたたかれ，結局，辞退することになった例がほとんどです。発注者側は，安くてよかったと思っていたのに，辞退されると高い他の事業者と契約し直さないといけません。辞退した落札者に損害賠償請求した地方自治体もありました。辞退した落札者は踏んだり蹴ったりです。

　1円入札でなくても，明らかに費用割れの低価格での落札については，公正取引委員会が警告をした例があります。他方で，1円での落札であっても，合理的な理由がある場合には，落札者と契約がされた例も少数ですがあります。

6　抱き合わせ（その1）

　抱き合わせ（一般指定10項）の効果要件である公正競争阻害性には，2種類あります。ここでは，①・**4**(2)の　(a-2)　自由競争の減殺（競争排除・市場閉鎖効果）について扱い，(b)競争手段の不公正については「3・**2** 抱き合わせ（その2）」で扱います。
⇒149頁
⇒213頁

(1)　行為要件

　ある商品Aと他の商品Bがセットで販売されることは，よくあることです。シャンプーとリンスのパック販売，ホテルと航空券の旅行パック商品なども，形式的には抱き合わせ販売の一種です。セットの方が，便利だったり，効能を発揮しやすかったり，割安だったりするので，消費者にとっても好都合なことが多いです。すなわち，抱き合わせの多くは競争手段であり，一般指定10項は原則適法の行為類型です。

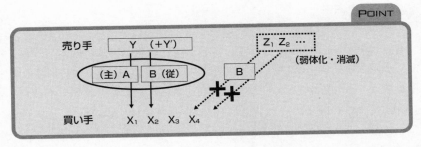

　事業者 Y が，X_1 らに対して，商品 A の販売に併せて，他の商品 B を一緒に購入するよう強制すること，が抱き合わせ販売の典型です。商品 A が，「抱き合わせ商品」または「主たる商品」と呼ばれ，商品 B は，「被抱き合わせ商品」または「従たる商品」と呼ばれます。商品 B は，Y 自身からではなく，指定する事業者（例えば Y′）から購入させてもかまいません。また，商品 B を購入させるだけでなく，X_1 の持つ B を販売するよう強制することもあります。

　商品 A と商品 B は，別個の商品であることが前提となります（「二商品性」といいます）。通常は問題となりませんが，商品 A の一部として商品 B が組み込まれているような場合に，「まとめて 1 つの商品なのだから抱き合わせではない」といった主張がなされます。例えば，パソコンの OS ソフトを購入すると，ブラウザソフトやメディア再生ソフトなどのアプリケーションソフトが含まれていることがあります。これらはパッケージで 1 つの商品でしょうか？ OS ソフトとアプリケーションソフトの抱き合わせ販売でしょうか？ 流通取引慣行ガイドライン（第 2・7(3)）によれば，1 つの商品かどうかは，組み合わせによって内容・機能が実質的に変わっているか，通常 1 つの商品として販売されているか，などを考慮して判断されます。

　その他にも，例えば，胡麻と塩を混ぜたごま塩（ふりかけ）や，10 種のスパイスを混ぜ合わせたカレー粉，12 色の絵の具のセット，シャンプーとリンスのセットなどはどうでしょう？ それぞれ，バラでの取引がないわけではありませんが，ごま塩やカレー粉は，組み合わせによって内容・機能が実質的に変わっているようにも見えます。他方で，12 色の絵の具はどうでしょうか？ シャンプーとリンスは別個の商品だとするなら，12 色の絵の具も同様に考えられそうですが，12 色の絵の具の方が取引の実態からは 1 つの商品に近い感

じがありそうにも見えます。

　一般指定 10 項の「購入させ」ることあるいは「取引するように強制すること」は、「強制性」とも呼ばれます。強制性の有無は、個別の顧客の主観によって決定されるものではなく、客観的にみて少なからぬ顧客が他の商品の購入を余儀なくされるかどうかによって決定されるべきものだとされています（流通取引慣行ガイドライン・第 2・7(3)）。商品 B がセットになっていることを喜んでいる顧客がいたとしても、強制性が否定されるわけではありません。したがって、強制性の認定のハードルはさほど高いものではなく、多くのセット販売やパック販売などは行為要件を充足することになります。だからこそ、原則適法の行為類型なのです。

(2)　自由競争の減殺（競争排除・市場閉鎖効果）

　商品 B を供給する競争者 Z_1 らを排除することで自由競争を減殺する場合に公正競争阻害性を認める、という運用もなされるようになっています。商品 A で有力な事業者 Y が、X_1 ほか多くの顧客に対し抱き合わせ販売を行い、結果、商品 B の競争者 Z_1 らが代替的な取引先を容易に見つけることができなくなる場合に、市場閉鎖効果が生じ、公正競争阻害性（自由競争減殺）が認められます（⇒149頁 $\mathbb{1}$・$\mathbf{4}$(1)の（a-2）型）。

　まだ、パソコン用のワープロソフトの市場シェア第 1 位が「一太郎」だった頃に、日本マイクロソフト（Y）が、パソコンメーカー X_1 らに対して、表計算ソフトの「エクセル」（A）をプリインストールするのであれば、ワープロソフトは「ワード」（B）を一緒にプリインストールするよう強制した事例があります。その後、競争者であるジャストシステム（Z_1）はワープロソフト「一太郎」の市場シェアを大きく奪われ、「ワード」が第 1 位となりました[28]（第 **2** 章 ⇒61頁 $\mathbb{2}$・**4** 参照）。

　他にも、エレベータの部品（A）と、保守メンテナンス業務（B）を抱き合わせた事例があります。ビルやマンションに設置されたエレベータが故障し交換部品（A）が必要になり、部品供給元のメーカー直系子会社 Y に部品の販売を

note

[28]　日本マイクロソフト事件・公取委勧告審決平成 10 年 12 月 14 日審決集 45 巻 153 頁（百選 63 事件）。

求めたところ，所有者 X_1 らが保守メンテナンス業務（B）を Y ではなく競争者 Z_1 らと契約していたことから，すぐに供給しませんでした。X_1 らが，Z_1 らとの保守メンテナンス業務（B）の契約を打ち切り，Y と保守メンテナンス業務（B）の契約を締結すると，すぐに部品を供給し交換してくれました[29]。交換部品（A）は他から入手できないので，このような抱き合わせが行われると，保守メンテナンス業務（B）の市場から Z_1 らは排除されてしまいますね。なお，これと同様の行為が，次の取引妨害（一般指定 14 項）として処理されることもあります。

7 取引妨害（その1）

取引妨害（一般指定 14 項）の効果要件である公正競争阻害性には，2 種類あります。ここでは，**1・4(2)**の(a)自由競争の減殺について扱い，(b)競争手段の不公正については「**3・3 取引妨害（その2）**」で扱います。
⇒149頁
⇒214頁

(1) 競争も妨害？

一般指定 14 項は，競争者の取引を妨害する行為を規定しています。

「妨害」については，「契約の成立の阻止，契約の不履行の誘引その他いかなる方法をもつてするかを問わず」と書いてあり，なんでも「妨害」に該当しそうです。

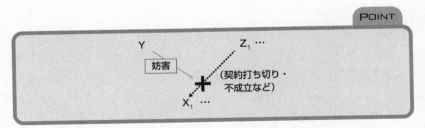

例えば，Z_1 が X_1 に取引を持ちかけて交渉していたところ，そこへ Y が X_1 に対して Z_1 より安い価格を提示し，X_1 は Z_1 と契約せず Y と契約したとします。これも行為の外形上は，Y が，競争者 Z_1 の契約の成立を阻止した，とい

note
[29] 東芝昇降機サービス事件・大阪高判平成 5 年 7 月 30 日審決集 40 巻 651 頁（百選 64 事件）。

うことになり，「妨害」に外形上は該当してしまいます。規定にあるように，「いかなる方法をもつてするかを問わず」，ですからね。

　しかし，競争者より低い価格をつけることは，まともな競争です。行為要件に合致しても原則適法であり，「不当」な取引妨害だけが例外違法となります。

　また，このような「妨害」に形式上該当する行為は広く存在するため，他の規定と重複する可能性があります。例えば，単独の間接取引拒絶（一般指定2項）や，対価や取引条件の差別（2条9項2号，一般指定3項・4項），抱き合わせ（一般指定10項），排他条件付取引（一般指定11項），その他の拘束条件付取引（一般指定12項）などです。

　取引妨害（一般指定14項）は範囲が広いから補完的に適用されるべきであり，他の規定に当てはまるときはそちらから適用し，どれにも当てはまらないときに適用すべきだ，という解説をしているテキストもあるようです。しかし，規定上の優先関係はありません。行為要件と効果要件をちゃんと充足するのであれば，どちらの規定を適用しても間違いではありません。原則適法であることを忘れずに，効果要件を充足するか，慎重に分析してください。他の規定にも該当する可能性を考えて，過去に類似の事例があるときは，それを参考に，適用する規定を選ぶのがよいでしょう。

　冒頭に書いたように，取引妨害（一般指定14項）の公正競争阻害性には，自由競争の減殺と，競争手段の不公正の両方があります。「妨害」という言葉のニュアンスからもわかるように，もともとの規定の位置づけとしては，競争手段の不公正として考えられていました。しかし，競争者の取引を妨害し排除することで，競争排除（市場閉鎖効果）としての自由競争の減殺となる例は容易に考えつきますし，また，競争回避（価格維持効果）のために用いられる例も想定できます。様々な行為に行為要件が当てはまってしまうので，いろいろな公正競争阻害性が生じる可能性があるのです。次の POINT に列挙したのは，過去の事例で目立った類型で，これがすべてではありません。以下では，このうち①〜③について取り上げます。

- (a) 「自由競争の減殺」
  - ①取引拒絶・供給遅延
  - ②アウトサイダーの排除
  - ③並行輸入阻害

- (b) 「競争手段の不公正」
  - ④威圧，物理的妨害，中傷・誹謗
  - ⑤契約の奪取（解約金負担勧誘）
  - ⑥入札発注者への違法な働きかけ

混合型　⑦自由競争の減殺と競争手段の不公正の両方

(2) 自由競争の減殺（競争排除・市場閉鎖効果）

　有力な事業者 Y が，競争者 Z_1 らと顧客 X_1 らとの取引を妨害し，Z_1 らが排除されることになれば，自由競争減殺の競争排除（市場閉鎖効果）としての公正競争阻害性が生じます（**1**・**4**(1)の（a-2）型）。 ⇒149頁

　①取引拒絶・供給遅延の例は，**6**(2)のエレベーターの事例とほぼ同じです。 ⇒198頁交換部品を唯一供給する Y が，部品の必要な顧客 X_1 らに対して，競争者 Z_1 らとの保守メンテナンス契約を打ち切って，自社との契約に切り替えさせた事例です[30]。

　②アウトサイダーの排除の事例として，生コンクリート製造業者の協同組合が，取引先に対して，組合に所属していない製造業者から生コンクリートの供給を受けないようにさせた事例があります[31]。間接の取引拒絶や，排他条件付取引あるいは拘束条件付取引を適用することもできたかもしれません。どれを適用しても，行為要件に合致していれば，効果要件の考え方は同様です。

note
[30]　三菱電機ビルテクノサービス事件・公取委勧告審決平成 14 年 7 月 26 日審決集 49 巻 168 頁，東急パーキングシステムズ事件・公取委勧告審決平成 16 年 4 月 12 日審決集 51 巻 401 頁（百選 81 事件）。
[31]　神奈川生コンクリート協同組合事件・公取委勧告審決平成 2 年 2 月 15 日審決集 36 巻 44 頁。

(3) 自由競争の減殺（競争回避・価格維持効果）

競争者から低価格の商品が供給されないよう，供給源を断つ妨害をすると，価格維持効果が生じます（１・**4**(1)の（a-1）型）。
$^{⇒149頁}$

③並行輸入を妨害した事例を示しましょう。

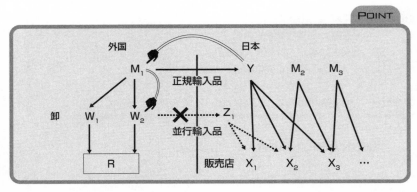

POINT

海外で生産された商品の国内販売について，海外製造業者 M_1 との契約により独占的に輸入する輸入総代理店 Y の輸入を正規輸入といいます。それに対して，海外においていったん流通に置かれた M_1 製の同一の商品（真正商品）を，別の輸入業者 Z_1 が仕入れて輸入することを並行輸入と呼びます。Y と Z_1 は，同一の商品を販売店 X_1 らに販売する競争者です。

低価格の並行輸入品が出回ることにより，正規輸入品の価格が下がることを防止する目的で，輸入総代理店 Y が，M_1 を通じて，並行輸入業者 Z_1 が商品を仕入れられないようにすることがあります[32]。Z_1 は，商品が入荷しなければ，販売店 X_1 らとの取引ができません。Z_1 の排除のようにも見えますが，Y の意図は価格維持であり，実際に低価格の並行輸入品が流通しなくなることで，正規輸入品の価格が維持されます。公正競争阻害性としては，競争回避（価格維持効果）による自由競争の減殺として整理されています（流通取引慣行ガイドライン・第３部第２・１(1)）（**3**(5) Column ㉚参照）。
$^{⇒182頁}$

note
㉜　星商事事件・公取委勧告審決平成 8 年 3 月 22 日審決集 42 巻 195 頁（百選 83 事件）。

3 競争手段の不公正

公正競争阻害性には，(a)自由競争減殺，(b)競争手段の不公正，(c)自由競争基盤の侵害（濫用）という３つの視点がありました（$\Rightarrow$149頁 ❶・**4**(1)参照）。ここからは，(b)競争手段の不公正という側面に着目した公正競争阻害性について取り上げます。ただし，行為によっては，競争手段として不公正だし，自由競争も減殺させる，というような複数の公正競争阻害性を併せ持つものもあります（前出 $\Rightarrow$196頁 $\Rightarrow$199頁 ❷・**6**, ❷・**7**, 後出 $\Rightarrow$213頁 $\Rightarrow$214頁 ❸・**2**, ❸・**3** 参照）。

競争は，客を奪い合う行為ですが，どんな手段を用いてもいい，というわけではありません。価格と品質で競争するのが本来あるべき競争である，という理念があります（「能率競争」あるいは「業績競争」と呼ばれます）。これを基本として，サービスや信用など，様々な形態の競争がなされています。他方で，「客を獲得する手段といっても，これは許容できない手段である」というものもあります。それが，「競争手段の不公正」です。例えば，客をだまして取引させるとか，違法な利益を与えて顧客を獲得するなどが典型的なイメージです。

1 不当な顧客誘引

(1) 独占禁止法と景表法

自己を取引相手に選んでもらうために，価格，品質，サービスなど，ライバルよりも良い条件を提示するのが競争です。顧客は，提示された条件を比較して取引相手を選択します。正しい情報に基づかなければ，条件の比較を適切にすることができません。ウソや誤認させる情報があると条件の公正な比較はできません。したがって，ウソや誤認させるような情報を提示し，顧客を獲得する行為は，不公正な取引方法であると考えます。

一般的に，消費者等に比べて，製造業者や販売店などの方が正しい情報へのアクセスが容易です。逆に，消費者のような末端の需要者は，正しい情報かどうか判断できず，不利な立場になる傾向があります（「情報の非対称性」といいま

す）。このような消費者を保護するため，独占禁止法の領域の中でも，消費者に対する不当な表示については特別な立法がなされ，1962（昭和37）年に景表法が制定されました。景表法も公正取引委員会が運用していましたが，2009（平成21）年に消費者庁が新設されると，消費者行政の一本化のために移管されました。

景表法の正式名称は，「不当景品類及び不当表示防止法」といい，消費者が相手の不当な景品と不当表示については，景表法が規制しています。消費者相手でなく事業者相手である場合，および，景品でも表示でもない手段で不当に顧客を誘引する場合には，景表法の対象外であり，独占禁止法が規制します。

以下では，イメージしやすい景表法を先に見て，その次に一般指定8項・9項を見ます。

(2) 景表法

(a) 不当表示

景表法5条の不当表示には，大きく分けて2種類あります。①優良誤認と，②有利誤認です。

POINT

不当表示
　　①優良誤認
　　　　品質，規格，その他の内容について
　　　　※不実証広告規制あり
　　②有利誤認
　　　　価格，その他の取引条件について
　　③その他指定された表示
　　　　原産国，おとり広告，など6つの指定

①優良誤認とは，品質，規格その他の内容について優良であると誤認させる表示です。例としては，ダイエット食品で「1か月で○○kgやせる」などと表示しているのにそれほどの効果がない，通常の牛肉なのに有名なブランドである「○○牛」と表示する，予備校で合格実績を実際よりも多く表示する，自動車の燃費を実際よりも良い数字で表示する，などなど，いろいろありそうで

す。

　不実証広告規制とは，性能や効果などについて，表示の裏付けとなる合理的
な根拠を用意しておくことを要求するものです。もしも，表示の根拠について
資料やデータを示すよう規制当局から要求され，それを提示できなければ，不
当表示と見なされます。もちろん，資料やデータが根拠として不適切な場合も
不当表示となります。

　②有利誤認とは，価格その他の取引条件について有利であると誤認させる表
示です。例として，割引額を大きく見せるため架空の通常価格を比較対象とし
て表示する（二重価格），期間限定の割引であるかのように見せかけて実際には
常にその価格である，というようなものがあります。

　③その他にも，一般消費者に誤認させるおそれがある表示について指定がな
されています。例えば，原産国の表示があります。「日本製」「国産」と表示さ
れていたが，実際には外国製だった場合，事実に反するけれども「優良」であ
ると誤認させたとは限りません。外国製でも，高い性能・品質かもしれません。
しかし，一般消費者は，安心感とか，信頼性とか，おしゃれさとか，原産国に
イメージを持っていて，実際に購入するかどうかの決定要素の１つになってい
ることが多いのも確かです。優良か，有利か，といった判断をするまでもなく，
事実に反しない表示が必要だ，ということで指定されています。原産国の他に
も，過去にトラブルの多かった経験から，おとり広告，無果汁のジュース，消
費者信用の融資，不動産，有料老人ホームについて，指定がなされています。

(b)　景品規制

　景表法２条３項にいう「景品類」とは，①顧客を誘引するための手段として，
②事業者が自己の供給する商品・役務（サービス）の取引に付随して提供する，
③物品，金銭その他の経済上の利益をいいます。当たり外れのある景品の与え
方を「懸賞」といい，必ずもらえる景品を「総付景品」といいます。

　②にあるように，取引に付随するものが景品ですので，街角で配っている
ティッシュや，取引しなくても誰でも応募できる懸賞は景表法の「景品類」に
該当しません。また，例えば，古本の買入れなど，「供給」を受ける取引は，
景表法の景品規制の対象ではないとされています[33]。これらについて何か問題

があれば，一般指定９項で対応することになります。

景表法の景品規制の具体的な内容は，告示で定められています[34]。

景品規制（上限額）

一般懸賞

取引価額	最高額	総額
5000 円未満	取引価額の 20 倍	懸賞に係る売上予定総額の 2%
5000 円以上	10 万円	

共同懸賞

取引価額	最高額	総額
区分なし	30 万円	懸賞に係る売上予定総額の 3%

総付景品

取引価額	最高額
1000 円未満	200 円
1000 円以上	取引価額の 10 分の 2

事業者が個別に実施する「一般懸賞」と，商店街の福引きのように複数の事業者が参加して行う「共同懸賞」とに分けて規制しています。特定の商品の応募券を集めて応募するようなものは，一般懸賞です。共同懸賞の方が，上限額が高いことがわかります。

懸賞の方法にも，福引きの抽選器，三角くじ，店頭でのじゃんけん，ビンゴゲームなど，いろいろありますが，「二以上の種類の文字，絵，符号等を表示した符票のうち，異なる種類の符票の特定の組合せを提示させる方法」は禁止

note

33　「景品類等の指定の告示の運用基準について」（平成26年12月1日消費者庁長官決定）3(4)。

34　「懸賞による景品類の提供に関する事項の制限」（平成8年2月16日公正取引委員会告示第1号），「一般消費者に対する景品類の提供に関する事項の制限」（平成28年4月1日内閣府告示第123号）。

されています[35]。例えば，お菓子を買うとカードが1枚入っている，種類は多数でどれが入っているかわからない，全種類あるいは複数種類の当たり券を集めたら特別な貴重な賞品がもらえる，というようなものです。このような懸賞方法は，「絵合わせ」あるいは「カード合わせ」と呼ばれます。禁止されている理由は，全種類集めるためには，確率的にはかなりの数が必要であるにもかかわらず，あと少しで全部そろう，と思わせるところがあり，その方法自体にぎまん性（人をだますような傾向）が強く，特に子供向けの賞品に用いられることが多く，子供の射幸心をあおる度合いが著しく強いため，ということです。実際の例では，昔，プロ野球の選手のカードのついたスナック菓子で問題となったことがありました。近年では，オンラインゲームのアイテムを当てる「ガチャ」で問題になりました[36]。

TERM

オープン懸賞とクローズド懸賞

　商品等を購入しなくても応募できて，当選すると賞品がもらえる懸賞があります。例えば，「A社は創業○○周年！」のような形で，○○に入る数字をハガキに書いて応募するようなものです。最近だと，QRコードでネット経由の応募が多いのでしょうか。このタイプの懸賞は「オープン懸賞」と呼ばれています。本文にあるように，取引しなくても応募できる懸賞は，景表法の「景品類」には該当しません。かつて，オープン懸賞については，特殊指定による上限規制がありましたが，現在は撤廃されています。

　これに対して，取引に付随して懸賞で賞品を与える場合は，「クローズド懸賞」と呼ばれます。本文に出てきた一般懸賞と共同懸賞は，どちらもクローズド懸賞に含まれます。

(c)　エンフォースメント（法執行等）

　違反行為があれば，措置命令として，違反行為の差止めその他必要な措置を命じることができます。景表法は消費者庁の管轄ですが，都道府県知事が措置

note
[35]　「懸賞による景品類の提供に関する事項の制限」（平成8年2月16日公正取引委員会告示第1号）5項。
[36]　消費者庁「オンラインゲームの『コンプガチャ』と景品表示法の景品規制について」（平成24年5月18日，平成28年4月1日一部改定）。

命令を出せるよう，権限の一部が委任されています。地方自治体は，日本全国に存在し，一般消費者に一番近い存在ですからね。公正取引委員会も，調査協力などをしています。

　2016（平成28）年，課徴金制度が導入されました（景表法 8 条）。課徴金額は，原則として，違反行為による売上額に 3 % を乗じた額となります。ただし，被害回復を促進するため，被害者に返金した場合に減額する措置が盛り込まれています（景表法 10 条）。

　認定を受けた「適格消費者団体」は，優良誤認表示および有利誤認表示について，差止請求訴訟を提起することができます（景表法 30 条）。消費者個人だと訴訟を提起することはハードルが高く躊躇しますが，不特定かつ多数の消費者の利益のために活動する消費者団体であれば，そのようなことも積極的に行うでしょう。実際には，適格消費者団体が，事業者に対して問題のある表示について指摘すると，事業者が自主的に修正し，訴訟にまで発展しない場合がほとんどです。

　「公正競争規約」は，事業者または事業者団体が，消費者庁長官および公正取引委員会の認定を受け，表示または景品類に関する事項について自主規制の協定または規約を締結する制度です（景表法 31 条）。その業界の商品特性や取引の実態に即して，広告やカタログに必ず表示すべきことや，特定の表現を表示する場合の基準，景品類の提供制限などを定めて，一般消費者がより良い商品・役務（サービス）を安心して選ぶことができる環境作りをするものです。

Column ㉞　景品規制とお国柄

　メーカー Y の特定の商品 A を買って，応募したら，夢のような賞品が当たるかもしれない。その確率が宝くじ以下でほとんどゼロであっても，競争メーカー Z の同種の商品 A ではなく，Y の商品 A を選んで買ってしまう。そんな消費者心理につけこんで，高額な懸賞で客を釣る，という競争は，「価格と品質による競争」という理念に反します。消費者みんなが確率をちゃんと計算して合理的に商品を選択する行動をとるなら，景品規制は必要ないのかもしれませんが，実際にはそうではありません。

　取引相手に懸賞で景品を与える方法（クローズド懸賞）については，欧米では多くの国が禁止しています。映画「チャーリーとチョコレート工場」のよう

に招待券を景品とする懸賞も，今日の米国ではおそらく違法となります。他方，総付景品については，欧米では制限なしの国が多いです。おそらく，ある商品が適切な価格か判断し競合品と比べて選ぶ際に，総付景品ならその景品の価値も含めて計算できるが，当たり外れのある懸賞では適切に計算できない，ということでしょう。

　日本は，少し特殊で，どちらも上限規制です。総付景品にも上限をつけるのは，取引対象の本体である商品・役務（サービス）の「価格と品質による競争」が本来あるべき姿であり，おまけの総付景品で競争するのは望ましいことではない，という理念ゆえでしょうか。

(3)　ぎまん的顧客誘引

　消費者相手でなく事業者相手の不当表示である場合，および，表示でない手段で不当に顧客（消費者を含む）を誘引する場合には，景表法の対象外であり，独占禁止法で禁止される不公正な取引方法の一般指定8項の対象になります。例えば，マルチ商法の販売員の募集において事実に反する情報を与えて勧誘した場合，販売員は事業者なので，一般指定8項が適用されます[37]。

　事業者相手であれば，情報の非対称性（1(1)参照）は小さいことが多いのですが，フリーランスで契約を切り替えたり更新したりしながら働く個人事業主の場合，契約相手の方が規模が大きく経験もあり，情報を十分に与えられないまま契約を結ぶことが考えられます。労働法で保護されるならそれでよいのですが，労働法の対象外であれば，独占禁止法を適用する余地があります。近年，公正取引委員会は，労働・人材市場に対して独占禁止法を適用する方針を打ち出しました（4・1(5) Colum[37]参照）。例えば，芸能事務所に所属していない個人のファッションモデルのXさんが，出版社や映像制作会社と契約して撮影するような場合です。役務（サービス）提供の契約内容について，事実と異なったり，誤認させたりするものであるなら，一般指定8項を適用すべきではないか，ということになります。

note
[37]　ホリディ・マジック事件・公取委勧告審決昭和50年6月13日審決集22巻11頁。

ただし，一般指定8項には，「**自己の供給する**商品又は役務の内容又は取引条件**その他**これらの取引に関する事項について」誤認させる，と書かれています。労働・人材市場の個人事業主，例えば先ほどのファッションモデルのXさんが役務（被写体サービス）を供給する側で，出版社・映像制作会社は供給を受ける側です。出版社・映像制作会社側は「自己の供給する」に該当しないので，一般指定8項を適用できないのではないか，との疑問が提起されています。もちろん，独占禁止法で規制すべきだ，という考えは大方一致しているようで，一般指定8項の中の「その他」という文言の解釈で適用できるという主張や，法改正すべきだという立法論などがあります。

　同様に，一般消費者が本，CD，ゲームソフト，自動車などを事業者に買い取ってもらうときの条件について不当表示があった場合，景表法の対象とできるのか，という問題もあります（「景品」規制の対象外であることは運用基準で明言されています。(2)(b)参照）。下取りであれば販売とセットなので景表法で対応できそうですが，買取りのみの場合で景表法の対象とならないとしたら，一般指定8項を適用できるのか，という問題になります。何もせず放置するということはありえないので，上記と同じように，解釈か立法で対応するべきということになります。

　ちなみに，1953（昭和28）年の原始一般指定6号では，供給か否かを問わず，ただ「取引」とされていたので，現行の一般指定8項も供給に限定するべきではなく，供給を受ける場合も含むと解釈するべきである，とも考えられます。その場合には，「その他これらの取引に関する事項」という文言について，「自己が供給を受ける商品又は役務の内容又は取引条件」を含むものとして解釈します。

Column ㉟　ぎまん的なのに原則適法

　一般指定8項には「不当に」と規定され，原則適法の行為類型であることを示しています。「誤認させ」て誘引していても，原則として適法として扱ってよいのでしょうか？

　例えば，「日本一のきびだんご」と書かれた箱に入ったきびだんごがあったとします。どれだけうまいのか試してみよう，と買って食べてみましたが，「まず

い！　なにが『日本一』だ！　だまされた！」なんてこともあるかもしれません。

　主観的な評価は人によって異なることが多い，というのもまた事実です。き
びだんご製造の和菓子屋のご主人の主観的な味覚と，食べた人の味覚が合わな
かったのです。それだけだと，「誤認」させられ誘引されたとしても，原則違法
とまでは言いにくいのです。「全米が泣いた！」という映画の宣伝も，「○○年
に１人の美少女」というキャッチコピーのアイドルも同様です。

　しかし，客観的にウソの事実を示して「誤認」させる場合は，違反になるこ
とが多いと考えた方がいいでしょう。例えば，内容量が実際より多く書かれて
いるとか，「○○コンテスト第１位！」や「××賞受賞」などと表示をしている
のに実際にはそんな受賞歴はない，とかいう場合です。

　ただ，客観的に事実と異なる表示には，単なる間違いの誤記も，実際によく
あります。誤認させて誘引するようなものではなく，「あっ，間違ってる」です
むようなものなら，わざわざ不当表示の事件としてとりあげないこともありま
す。一例として，某スーパーのお酒売り場で見つけた表示を写真に撮っておき
ました（著者撮影）。

　「マリファナ」（大麻）入
り!? ではなくて，「まりは
な」（毬花＝ホップ）の入力
間違いですね。マリファナは
違法ですから，この表示を信
じて購入し，「マリファナが
入っていないなんて，不当表
示だ！」という人はいませんよね。常識で，お店が書き間違えたのだな，とわ
かります。ちなみに，大麻の葉っぱや花ではなく実を使ったビールは合法で，
輸入販売されています。ただ，その大麻の実を使ったビール，葉っぱは使われ
ていないのに，ラベルには葉っぱの絵が描いてあるんですよね……。まあ，
メープルシロップにもカエデの葉っぱは入っていないのに，ラベルには葉っぱ
の絵が描いてあったりしますけど，誤認させて誘引するようなものではないで
すね。あまり細かいことを言うと，牛乳パックに牛の絵も描けなくなってしま
います。

　なお，前出のきびだんごやビールの例は，通常は消費者相手の表示なので，
問題が生じるようであれば景表法の事例です。が，メーカーと販売店の取引で
の表示であれば，一般指定８項の対象です。

⑷ 不当な利益による顧客誘引

一般指定9項の対象となるのは，事業者に対する不当な景品と，景品以外の方法による不当な利益の提供ということになります。

利益を与えて顧客を誘引する行為は，実質的には値引きと同様の意味があり，競争を促進させる効果があります。したがって，原則適法の行為類型です。

しかし，違法な利益を与えて顧客を獲得する競争は，取引対象となる商品・役務（サービス）の「価格と品質で競争すべきである」という理念に反しますし，違法行為を促進するなんてことは法秩序に反します。

過去の事例では，証券会社が，大口顧客の損失を補塡（埋め合わせ）して，顧客としてつなぎ止めようとした行為が違反となっています[38]。証券取引法（現・金融商品取引法）は，損失補塡を禁止していますので，違法な利益による誘引です。

⑸ 学生Cの感じた「不公正」

⇒144頁
ここで，1・1の学生Cの例を検討してみましょう。

学生Cは，「お店で，『メープルシロップ250ml・特価680円！』というポップがあったので，安いと思って買いました。ところが，家に帰って，使いかけのメープルシロップのビンと比べると，ちょっと小さいことに気づきました。ラベルの印刷をよく見ると，特価で買ったのは『250g』で，使いかけのは『250ml（330g）』だったのです。お店では確かに『250ml』と書いてあったんですよ。これって，ちょっと詐欺ですよね!?」と言っていました。

実際よりも内容量を多く表示すると，その量で価格に見合うかどうか，という取引条件について誤認させるので，景表法の有利誤認に当たりますね。重量と容積の関係は，誤認を起こしやすいです。例えば，「一升餅」の1升は1800mlで，水だと1.8kgですが，お米だと約1.5kg，1升の米を蒸してついてお餅にすると重くなって約2kgです。他にも，ハチミツだと1000ml＞1kg，サラダ油やオリーブオイルは1000ml＜1kgですから，買い物の際には気をつ

note
[38] 野村證券事件・公取委勧告審決平成3年12月2日審決集38巻134頁。

けてください。お店の人も悪気のない間違いをした場合がほとんどですので,冷静に指摘してあげましょう。たいていは,表示を自主的に訂正し,買った商品については返品に応じてくれます。

2 抱き合わせ (その2)

抱き合わせ (一般指定10項) の効果要件である公正競争阻害性には,2種類あります。ここでは,(b)競争手段の不公正について扱います。(a)自由競争の減殺 (競争排除・市場閉鎖効果) については,「②・**6** 抱き合わせ (その1)」で⇒196頁で扱っています。行為要件については,②・**6**(1)で確認してください。

POINT

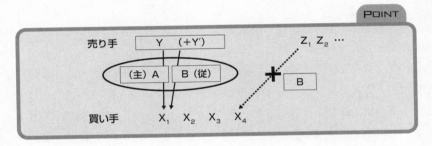

(1) 競争手段の不公正

もともと,一般指定10項は,8項・9項の「誘引」と並んで,「強制」を競争手段の不公正とする位置づけでした。

抱き合わせは,商品Aの力を用いて,商品Bの購入を強制する行為です。購入した相手方 X_1 は,商品Bの価格・品質等を見て選んだわけではありません。商品Bも,本来は,それ自体の価格・品質等によって競争し選択されるべきであるのに,競争せずして強制により購入させているから手段として不公正である,という考え方です。

例えば,ゲームソフトの卸Yが,販売店 X_1 らに対して,品不足の人気ソフトAの販売について,不良在庫の不人気ソフトBも一緒に購入することを条件に販売した事例があります[39]。販売店 X_1 らは,不要にもかかわらずBの購

note
[39] 藤田屋事件・公取委審判審決平成4年2月28日審決集38巻41頁。

入を強制されました。この事例では，不人気ソフトBの競争者を排除した，というわけではないので自由競争減殺ではありません。Bについて価格と品質ではなく，Aを用いた強制により購入させているという競争手段の不公正さを，公正競争阻害性としてとらえるべき事例です。

(2) 学生Dの感じた「不公正」

ここで，1・1の学生Dの例を検討してみましょう。 ⇒144頁

学生Dは，「新型肺炎がはやりだしたころ，どこに行ってもマスクが買えなくて困りました。やっと見つけたと思ったら，栄養ドリンクとセットにされて，すごく高い値段が付いていました。栄養ドリンクとセットにして，価格をつり上げてるんです。本当に，ぼったくりです！こういうのは，違反にならないのですか？」と言っていました。

品不足で貴重なマスク（A）に，栄養ドリンク（B）を抱き合わせた，というものです。ここで，栄養ドリンク（B）の市場における競争者Z_1らは存在しますが，その排除は起こりそうにないですね。したがって，自由競争減殺（競争排除・市場閉鎖効果）の公正競争阻害性は認定できません。競争手段の不公正として，公正競争阻害性を認定できるか検討することになります。

(1)の人気ゲームソフトの事例と，よく似ていますね。

3 取引妨害（その2）

取引妨害（一般指定14項）の効果要件である公正競争阻害性には，2種類あります。ここでは，(b)競争手段の不公正について扱います。(a)自由競争の減殺については「2・7 取引妨害（その1）」で扱っています。行為要件については，2・7(1)で確認してください。 ⇒199頁

競争者に対する内部干渉（一般指定15項）もここで扱います。

(1) 競争手段の不公正

取引妨害（一般指定14項）の位置づけは，もとは競争手段の不公正として考えられていました。次のPOINTは2・7であげたものですが，ここでは④〜⑦について取り上げます。 ⇒201頁

（a）「自由競争の減殺」
　　①取引拒絶・供給遅延
　　②アウトサイダーの排除
　　③並行輸入阻害

（b）「競争手段の不公正」
　　④威圧，物理的妨害，中傷・誹謗
　　⑤契約の奪取（解約金負担勧誘）
　　⑥入札発注者への違法な働きかけ

混合型　⑦競争手段の不公正と自由競争の減殺の両方

Y
妨害
Z₁ …
（契約打ち切り・
不成立など）
X₁ …

　顧客を奪い合うのが競争だとしても，その手段は，価格と品質によるべきである，というのが基本的な理念です。どんな汚い手を使っても客を奪えばいい，というのではありません。

　競争手段の不公正としての公正競争阻害性が認められた例としては，④威圧，物理的妨害，中傷・誹謗を用いた事例，⑤契約の奪取（解約金負担勧誘）をした事例，⑥入札発注者への違法な働きかけをして落札した事例などがあります。以下，事例の登場者を，POINT の図に当てはめて説明しますので，X₁，Y，Z₁などが出てきたら参照してください。

　④の例として，魚市場の仲買人が，競争者が使うスペースを封鎖して使えないように，物理的に妨害した事例があります[40]。刑法の威力業務妨害（刑法234条）にもなりそうな露骨な妨害ですね。また，駅前のタクシー乗り場を使わせないために，競争者である個人タクシーのドアを開けられないように，そして発進できないように，体を張って座り込んで妨害した事例があります[41]。その他にも，競争者 Z₁ の顧客 X₁ らを訪問し，Z₁ は違法行為を行っており，近いうちにつぶれるから，今のうちに取引先を替えた方がいい，といった不確かな情報（中傷・誹謗）で説得して X₁ らを自己の顧客とした事例があります[42]。

note

[40]　熊本魚事件・公取委勧告審決昭和 35 年 2 月 9 日審決集 10 巻 17 頁。
[41]　神鉄タクシー事件・大阪高判平成 26 年 10 月 31 日審決集 61 巻 260 頁（百選 86 事件）。

⑤の例として，電子ミシンが高価だった時代に，競争者 Z_1 と予約販売契約を結び，月々積み立ててお金を前払いしていた消費者 X_1 らに対して，Z_1 との契約を破棄して Y から購入するよう勧誘しました。その際に，違約金や解約金は Y が負担するから，と説得し，債務不履行を誘引し，X_1 らを自己の顧客としていった事例があります[43]。このような積極的債権侵害は民法上の不法行為にも当たるから，競争手段として不公正である，というとらえ方が一般的です。

　現在でも，携帯電話などで，乗り換え客限定で解約金負担のような特典を与えている例はありますが，違反になっていませんね。どうしてでしょうか？おそらく，携帯電話の場合には解約条項が用意され一定の負担で解約することを予定していますし，解約金の負担は実質的には割引を与えて客を獲得する価格競争と同じだからです（もしも，負担した解約金も含めて計算すると実質的な価格が安すぎるから問題なのだ，ということがあったとしたら，不当廉売と同様の費用基準で，自由競争減殺〔競争排除・市場閉鎖効果〕の側面から公正競争阻害性を判断することになるかもしれません）。

　⑥の事例では，金額だけではなく設計などの提案についても評価し，総合点で落札者を決定する入札でした。Y は，発注者 X_1 の審査員にこっそり提案を添削してもらったり，情報を提供してもらったりして，高得点を取り落札していました。入札の規則では，そのような秘密の問い合わせと回答は禁止されていました。規則違反（違法行為）によって受注することは，不公正な競争手段で，競争者の受注を妨害した，ということです[44]。

(2) 混合型

　事例によっては，(b)競争手段の不公正と，(a)自由競争の減殺の，両方の要素を持つ場合があります。公正取引委員会が下した排除措置命令や審決を読んでも，どちらの公正競争阻害性をもって違反としたのか，はっきりしない事例なのですが，後で公正取引委員会職員が書いた解説（担当官解説）を読むと，両

note
[42] ドライアイス仮処分事件・東京地決平成 23 年 3 月 30 日判例集未登載（百選 121 事件）。
[43] 東京重機工業事件・公取委勧告審決昭和 38 年 1 月 9 日審決集 11 巻 41 頁。
[44] フジタ事件・公取委排除措置命令平成 30 年 6 月 14 日審決集 65 巻第 2 分冊 1 頁。

方あった事例だと解説してありました[45]。

　自由競争の減殺もあり，競争手段の不公正もあり，どちらか一方だけでも公正競争阻害性を認定できたのであれば，二重に認定しても何の問題もありません。立証の手間は増えるかもしれませんが，丁寧な分析と評価をしたといえるでしょう。

　しばしば議論の対象になるのは，自由競争の減殺を認定しようとすると十分ではない，では競争手段の不公正を認定しようとするとこれも十分ではない，そこで，両方を合計することで公正競争阻害性を認定することが可能か，という問題です。柔道でいうところの「技あり」が2つで「合わせ技一本」のような認定のしかたが可能か，という問題が議論されています。これまでの事例では，このような認定を使わなければ違法とできないような事例はない，とされています。将来，そのような事例が出てきたら，合わせ技一本で違法とすべきか，違法とせず放置すべきか，という問題です。

(3) 内部干渉

　一般指定15項には，不当な内部干渉について規定されています。競争は，供給する商品・役務（サービス）の価格と数量で競争すべきである，という理念に反して，秘密の漏洩などをさせ，競争者の足を引っ張り，競争上不利にする行為です。

　やはり，商品・役務（サービス）の価格と品質で競争するべきであり，内部に働きかけて足を引っ張ることで競争に優位に立とうというのは，競争手段としては不公正ですよね。

　ただ，これまで，この規定が適用された事件はありません。企業秘密漏洩の事件には，不正競争防止法を用いることが一般的です。

---

note
[45]　第一興商事件・公取委審判審決平成21年2月16日審決集55巻500頁（百選82事件），DeNA事件・公取委排除措置命令平成23年6月9日審決集58巻第1分冊189頁（百選85事件）。

4 自由競争基盤の侵害（濫用）

公正競争阻害性には，(a)自由競争減殺，(b)競争手段の不公正，(c)自由競争基盤の侵害（濫用）という 3 つの視点がありました（⇒149頁 1・**4**(1)参照）。ここからは，(c)自由競争基盤の侵害という公正競争阻害性について解説しますが，「濫用」と言った方がイメージしやすいですね。

優越的地位の濫用は，2 条 9 項 5 号と一般指定13項に規定されています。下請取引の分野については，下請法が制定されています。

1 優越的地位の濫用

(1) 規制の趣旨と概要

(a) イメージ

優越的地位の濫用とは，どのような行為でしょうか。まずは，公正取引委員会が作成したパンフレットから，イメージを見てみましょう。

※公正取引委員会「1 分で分かる！独禁法 優越的地位の濫用編」[46]より

イメージ図の中では，要求された人が不満を口にしていますが，これは心の声です。実際には不満顔をすることすらできず，言われるがままに従わされます。

　「お客様は神様です」とか，「お・も・て・な・し」などのように，お客様にきめ細かいサービスを提供し，信用を獲得し，商売を続けていく，という日本的な商慣習があります。営業マンが，お店を頻繁に訪問し，店先を掃除して，自社の商品を手に取りやすい目立つ場所に並べていく，という地道な営業スタイルは，お店の人とのコミュニケーションを強化して信用を獲得し，販路拡大に役立ってきました。これらは悪いことではありません。自発的な，ちょっとしたサービスで，お互いに利益になり，競争を促進するからです。

　これに対して，一方的に，合理性のない不利益を押しつける，という場合が問題なのです。取引上の地位が相手方よりも強いことを利用して，当然のように相手方に不利益を押しつけ，自己の利益にする，というのが優越的地位の濫用のイメージです。

　優越的地位の濫用について，公正取引委員会は，適用対象を拡大する方針を示しています。個人がフリーランスとして働く人材市場への独占禁止法の適用や，IT分野におけるデジタル・プラットフォーム事業者に対する適用について方針を示しています（⇒227頁（**5**）**Column ③⑦**参照）。その中では，フリーランスとしての個人や，ユーザーとしての消費者に対する行為を，優越的地位の濫用として規制する可能性が示されています。

(b)　考え方と位置づけ

　取引条件の交渉において，自己にとってより良い取引条件を引き出そうとすることは競争の一環ですし，自己の取引上の地位が強ければ，それを活かして交渉することも当然です。その取引条件の提示自体が競争の一部ですし，獲得したより良い条件がコストダウンなどの効率化に役立つなら，競争促進的側面を有するといえるでしょう。したがって，取引上の立場が取引相手と比較して強いことを利用したからといって，より良い取引条件を要求する行為を，優越

note
㊻　https://www.jftc.go.jp/houdou/panfu_files/yuhetu_leaf.pdf

的地位の濫用として安易に規制することは，かえって競争を抑制することになりかねません。「正常な商慣習に照らして不当に」と規定されているように，優越的地位があり，2条9項5号イロハおよび一般指定13号の行為要件を満たしていたとしても，原則適法の行為類型であることを忘れてはなりません。

　優越的地位の濫用の規制は，欧米の競争法にはなく，日本独自の規制である，といわれることがあります。しかし，優越的地位の濫用を受けた取引の相手方は，たとえ被害を受けたとしても，立場の弱さゆえに報復をおそれて「泣き寝入り」し，司法制度等を通じて自主的に不利益の回復を求めることができない場合がほとんどです。したがって，政策的に公権力が介入することが必要な分野です。そして，そのような濫用は市場の競争にとっても悪影響があると考え，日本では，公正取引委員会がそれを担い，独占禁止法の一部として市場における自由競争と整合的に運用しています。

　優越的地位の濫用がなぜ競争に悪影響を与えるといえるか，について，1982（昭和57）年に一般指定を改正した際の説明では，取引主体が自由で自主的な判断で取引するという「自由競争基盤」を保持することが必要で，優越的地位の濫用は，取引相手方の競争機能の発揮の妨げとなる，との説明をしていました。2010（平成22）年に公表された優越的地位濫用ガイドライン[47]（第1・1）では，濫用による不利益が相手方を競争上不利にするし，濫用によって得た利益によって行為者が競争上有利になることは望ましくない，と説明しています。競争に対する悪影響を，少し具体的に示すような説明になっています。

Column ㊱　ホールドアップ！

　学説では，経済学的な説明の試みもあります。ホールドアップ理論とか不完備契約論などです。

　例えば，下請メーカーの X_1 が，発注元である取引相手 Y 専用で，他に転用不可能な高価な設備を導入したとしましょう（関係特殊投資）。X_1 は，そのコストを回収するために，Y と取引を続けざるをえなくなります。Y は，X_1 の状況を見て，「うちと取引を続けられないと困るんでしょう？　だったら……」と，不当な要求を突きつけやすくなります。最初から設備代を回収できるだけの数量

---

note
[47]「優越的地位の濫用に関する独占禁止法上の考え方」（平成22年11月30日）。

の契約を締結していればいいのですが，多くの場合は将来に対する見込みだけで完全でない契約（不完備契約）を締結して，設備導入などの投資をします。その結果，Yは，X_1が逃げられないことを利用して，目先の利益を得ようと無理難題を押しつける場当たり的な行動（機会主義的行動）をとるのです。「手を挙げろ！」と銃を突きつけるのに似ていることから，「ホールドアップ」とも呼ばれます。

　確かにひどい，と直感的に思います。そして，最近の経済学的説明では，もう少し社会的な損得計算に基づいた説明を考えます。すなわち，このような不当な要求が横行すると，X_1と同じような立場の事業者らは不当な要求にさらされることのないよう警戒して，特定の取引相手との取引にしか使えない設備への投資（関係特殊投資）をしないように行動するようになるでしょう。相手方が不当な要求をしないという保証がないために，最適な投資あるいは必要な投資がなされない状況になってしまいます。そのために，より良い商品が生産されなかったり，費用が高くなったりするのであれば，社会的に見ても損失です。そこで，国が法律によってそのような不当な要求をすることを禁止してやれば，事後的に不当な要求を突きつけられることはない，という保証となり，安心して特定の相手方専用の投資を行うようになり，商品を生産でき，費用も抑えられるので，社会的に見て効率的になる，という説明です。製造業をイメージすると，なるほど，と思わせる説明です。

(2)　規定の構造

　優越的地位の濫用が成立するためには，(a)取引上の地位が優越していること（優越的地位），(b)2条9項5号イロハまたは一般指定13項の行為があること（不利益行為），そして，(c)正常な商慣習に照らして不当であること（公正競争阻害性），という要件を満たす必要があります。

(a)　優越的地位

　優越的地位は，「取引上の地位」なので，取引相手との比較で立場が強いことを指します。例えば，自動車メーカーと，そこに部品を納入している零細企業のイメージです。最近だと，スーパーなどの大規模小売店と，そこに納品している事業者の関係も多いです。

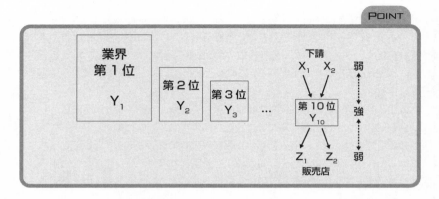

⇒173頁

　前に「有力な事業者」という言葉が出てきましたが（2・**2**(1)），あれは市場に占める地位で，競争者との比較でした。「優越的地位」の認定は，そうではなく，取引の相手方との関係で相対的に優越した地位であれば足りる，と理解されています。なので，業界最下位の事業者であっても，取引相手の方が弱ければ，優越的地位を有することになります。

　取引相手と比べて立場が「強い・弱い」は，どのようにして決まるのでしょうか？「お客様は神様です」という言葉からすると，消費者はいつも優越的地位にあるのでしょうか？　そんなことはありませんね。通常なら受け入れるはずのない不利益であっても受け入れざるをえない，という状況を考えれば，その相手との取引ができないと困る，という事情がある場合をイメージできます。行為者との取引の割合（取引依存度）が大きい，市場における地位が高い，他の取引先に変更できない事情がある，その他いろいろ取引する必要性を考慮して判断することになります。これらの考慮事項は，優越的地位濫用ガイドライン（第2）にも書かれています。

　現在の公正取引委員会の運用では，大企業を相手とする場合であっても，不合理な不利益を受け入れさせることが実際にできているなら，ほとんどの場合に優越的地位があるものとして認定されています。例えば，家電量販店が大手家電メーカーに無償で人員派遣させていた事例で，家電量販店が，有名な東証一部上場家電メーカーより取引上の地位が優越していると認定された例があります[48]。

(b) 不利益行為

2条9項5号イロハには，押しつけ販売，利益提供の強要，受領拒否，返品，支払遅延，減額，不利益となる取引条件設定・変更・実施が規定されています。一般指定13項には，役員選任の指示・承認が規定されています。

もちろん，これらの行為に該当するからといって，即座に違反となるわけではありません。例えば，売れ残った場合には返品をしてよい，という特約をあらかじめ契約に入れておく場合があります。書店の書籍販売などは，その典型例です。コンビニエンスストアのフランチャイズでは，様々な機能を備えたレジ端末などの機材の購入が必要でしょう。また，銀行は，貸付している企業が経営不振に陥ると，経営陣（役員）の刷新を求めることもあります。これらは，正常な商慣習として定着している合理的な行為です。2条9項5号と一般指定13項は，「不当に」と規定され，いわゆる原則適法の行為類型である，とされています。効果要件である公正競争阻害性（自由競争基盤の侵害）を充足した場合にのみ違反となります。

(c) 公正競争阻害性

優越的地位の濫用の公正競争阻害性は，「自由競争基盤の侵害」と理解されています。事業者それぞれが，誰と取引するか，どのような内容の契約をするか，どうやって履行するか，といった判断を自由にできることが市場における自由競争の基盤である，と考えます。

それでは，どのような場合に自由競争基盤の侵害があったと判断されるのでしょうか。不利益行為にもいろいろあるので個別の事案ごとに判断されますが，優越的地位濫用ガイドラインに示されている類型をざっくりまとめると，おおよそ次のような場合を考えているようです。

①相手方と事前に合意するなどの方法で取引の条件・内容等が明確にされておらず，あらかじめ計算できない不利益を与える場合。
②相手方が直接得る利益等を勘案して合理的であると認められる範囲を超え

note
❹ エディオン事件・公取委審判審決令和元年10月2日審決集66巻53頁。

た負担となり，不利益を与える場合。

　まず，①事前に明確になっていれば，そもそもその契約を締結しない，という判断が可能になります。しかし，継続的に取引している場合には，追加の契約や契約内容の変更を受け入れざるをえない状況も考えられるので，契約で決めてさえおけばよい，というわけにはいきません。そこで，②合理的な範囲の負担かどうか，内容を見て判断することも必要になります。

　逆に，事後的に変更することが，相手方にとっても利益になる場合もあるので，一切の変更を認めないというのも合理性がありません。例えば，想定していた数量を超える注文が入り，事前に決めていた単価より値下げしても，数量を増やすことがコストダウンになり利益も大きくなる，というような場合がありえます。その場合には，「直接得る利益等を勘案」します。「直接」と限定しているのは，「いつか便宜を図るから」というような，具体性のない利益を言い訳に使うことを防ぐためです。

(3) 課徴金制度

　2条9項5号の優越的地位の濫用で「継続してするもの」については，その取引額の1%を課徴金として徴収されます（20条の6）。他の不公正な取引方法の課徴金（20条の2から20条の5）は10年以内に繰り返した場合にのみ課徴金が課せられますが，優越的地位の濫用は，「継続して」いれば初めてでも課徴金を課せられます。

　現在の公正取引委員会の運用では，多数の取引相手を入れ換えながら，購入強制や利益提供の要求など別々の要求を散発的にしていた場合にも，全部まとめて1つの行為として扱われ，「継続して」優越的地位の濫用をしていた，ということにされます。

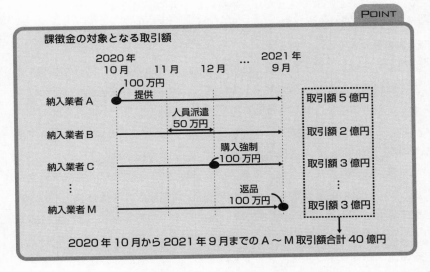

課徴金の対象となる取引額

2020年10月から2021年9月までのA～M取引額合計40億円

　例えば，スーパーYが，納入業者Aに対して2020年10月に100万円の金銭提供を強要し，11月から12月にかけてBに無償の人員派遣（人件費50万円相当）をさせ，12月にCに対してクリスマスケーキやおせちを100万円分購入強制したとします。さらに，納入業者D，E，F，…，Mと，相手を替え，要求内容を変えながら，翌年9月までの1年間続いたとします。これらまとめて1つの優越的地位の濫用であり，2020年10月から2021年9月まで1年間継続していたと評価されます。納入業者A～Mそれぞれの2020年10月から2021年9月までの1年間の取引額が，Aが5億円，Bが2億円，Cが3億円，……，Mが3億円であり，A～Mの取引額合計が40億円だったとすると，40億円が算定基礎となり，課徴金額はその1%で4000万円となります。大事な点は，Aに対する要求が2020年10月だけだったとしても，算定基礎の取引額は10月だけでなく，違反行為が終了する翌年9月までの取引額の合計になるということです。期間が長くなればなるほど，違反行為による実際の不利益に比べて，課徴金額が大きくなります。

⑷　事　例

　最近の事例では，スーパーや量販店などの大規模小売業者が，納入業者に対

して，人員派遣を無償でさせたり，事後的に一方的な納入価格の値引きをさせたり，金銭負担を強要したり，購入強制した例が多いです。これらの事例では，課徴金額も大きくなっています。

　北海道を基盤として，食料品，日用雑貨品，衣料品等の小売業を営むラルズは，①新規開店，改装，開店セール等に際し，従業員等を派遣させ，②オープンセールや創業祭等に際し協賛金を提供させ，③紳士服などの商品を購入させていた，と認定されました^[49]。この事件では，対象となった88社との2年あまりの取引額に対して課された課徴金が12億8713万円になりました。

　家電量販店のエディオンは，家電メーカーなど92社に対して優越的地位を利用して，無償で従業員派遣をさせ新規開店・新装開店の準備をさせていた，と認定されました^[50]。2年あまりの取引額に対する課徴金額は，30億3228万円でした。算定率は1％ですが，取引金額が大きいと課徴金もスゴイですね。

　その他，おもちゃの量販店やドラッグストアにも，億単位の課徴金が課されています。課徴金制度が導入される以前から，老舗百貨店，コンビニエンスストアのフランチャイズ本部などの大規模小売業者が，優越的地位の濫用で違反となった事例があります。

　銀行などの金融機関も，貸付をしている相手に対して優越的地位を有することになりやすいです。お金を借りていると，ただでさえ頭が上がらないので，そこに金融商品の購入を強く要請されると断れなかったりします^[51]。

　フランチャイズの本部と加盟店の間の関係も，優越的地位が認定されやすい関係です。本部が加盟店に，消費期限が近づいても値引き販売させず，その廃棄費用も加盟店に負担させていた行為が，優越的地位の濫用とされました^[52]。

(5) 特殊指定

　不公正な取引方法には，2条9項1号～5号と一般指定の他に，特殊指定と呼ばれる規定があります。現在は，①大規模小売業者（百貨店・スーパー・コン

note
[49] ラルズ事件・東京高判令和3年3月3日審決集67巻444頁。
[50] エディオン事件・公取委審判審決令和元年10月2日審決集66巻53頁。
[51] 三井住友銀行事件・公取委勧告審決平成17年12月26日審決集52巻436頁（百選76事件）。
[52] セブン-イレブン・ジャパン事件・公取委排除措置命令平成21年6月22日審決集56巻第2分冊6頁（百選78事件）。

ビニ本部等と納入業者），②新聞業（新聞発行本社と新聞販売店），③特定荷主（大手荷主と小規模運送業者）の３つが指定されています。いずれも，主として，優越的地位の濫用となる行為を，その業種に合わせて指定しています（②には価格差別の規定もあります）。

特に，①大規模小売業者に対する特殊指定は，2004（平成16）年から数年間，積極的に運用され多数の事件を違法としてきました。しかし，2009（平成21）年改正により優越的地位の濫用が課徴金制度の対象となると，大規模小売業者に対しても２条９項５号を適用するようになり，特殊指定の方は用いられなくなっています。特殊指定で違反にしても，課徴金の対象とならないからでしょうね。取り上げられる事件の数は減りましたが，大きな金額の課徴金が課せられる事件になれば，ニュースになって，違反行為を抑止する効果があります。

Column ㊲　最近の適用範囲拡大方針について

　近年，公正取引委員会は，優越的地位の濫用の運用に積極的です。ここでは，特徴的な２つの分野を紹介します。

　まず１つめは，人材市場への適用です。会社に雇用されるのではなく，個人として契約するフリーランスという働き方があります。例えば，スポーツ選手，芸能人，写真家，音楽家，研修講師，通訳，デザイナー，プログラマーなどなど，たくさんあります。労働法の保護の対象外である場合には，独占禁止法を適用して公正な取引を確保する，という方針を公正取引委員会が公表しました[53]。フリーランスの人々は，発注者である事業者に比べて立場が弱い場合が多いので，優越的地位の濫用を適用できる場面が多くあると見込まれています。

　２つめは，デジタル・プラットフォーム事業者に対する適用です。プラットフォーム事業者が，その役務（サービス）を利用する事業者に対して経済的負担を強要しようとして，公正取引委員会が取り上げた事例がいくつかあります。例えば，必ずポイントをつけるように要求したり，一定金額以上の購入は送料無料とするように要求したりした行為です[54]。いずれも，自主的に改善措置がと

---

note

[53]　公正取引委員会競争政策研究センター「人材と競争政策に関する検討会報告書」（平成30年２月15日）。内閣官房・公正取引委員会・中小企業庁・厚生労働省「フリーランスとして安心して働ける環境を整備するためのガイドライン」（令和３年３月26日）。

[54]　「アマゾンジャパン合同会社によるポイントサービス利用規約の変更への対応について」公取委報道発表資料（平成31年４月11日），「楽天株式会社に対する緊急停止命令の申立てについて」公取委報道発表資料（令和２年２月28日）。

られ，正式な違反事件とはなりませんでしたが。

　さらに，消費者もデジタル・プラットフォーム事業者による役務（サービス）を利用しており，他に代替的な役務（サービス）が存在しないため，不当な要求であっても受け入れざるをえない場合が考えられます。個人情報の収集について，このようなことのないように，公正取引委員会はガイドラインを策定し公表しました[55]。このガイドラインにより，優越的地位の濫用が消費者相手の行為にも適用されることが明確になりました。一般的に，事業者は，消費者よりも取引上の地位が優越している場合が多いと考えられるので，他分野にも広く影響を与えそうです。

2　下請法

(1)　位置づけ

　下請法の正式名称は，「下請代金支払遅延等防止法」といいます。独占禁止法を補完する法律として位置づけられ，下請法1条の目的には，下請取引の公正化と，下請事業者の利益の保護が掲げられています。下請とは，製造等を他の事業者に委託することです。委託発注元の事業者を「親事業者」といいます（会社法上の親子会社の親会社とは異なります）。

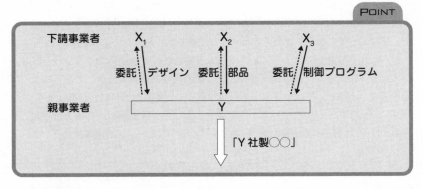

　下請取引のイメージは，規模が大きいメーカーYが，部品その他の製造等

を，中小規模の下請事業者 X_1 らに委託する取引です。下請取引が長期にわたって繰り返し行われ密接な関係を築くことにより，信用を得て，製品の開発段階から下請事業者が関わるようになることもあります。そうなれば，下請事業者は自己の技術力を高め，継続的に取引を行うことができます。その結果，特定のメーカーとのみ取引をする系列的な関係が形成されることもあります。また，メーカーにとっては，自社内部で製造せず外部化することによって，リスク低減や費用削減などの効率性を達成することができます。

これらの下請取引が日本の製造業を支えてきた，ともいわれています。反面，下請事業者は特定のメーカーとの取引に依存した事業活動をすることになり，「仕事をもらう」という相対的に弱い立場になりやすく，このような立場を利用して「下請いじめ」と呼ばれるような不利益の押しつけが横行していたのも事実です。

下請事業者は今後の取引関係の悪化をおそれ，裁判で訴えることも，お役所に告発することもできないことがほとんどです。そこで，公正取引委員会の出番です。独占禁止法の優越的地位の濫用を適用することもできるのですが，その要件である「優越的地位」と「正常な商慣習に照らして不当」であるという公正競争阻害性の認定は，ケース・バイ・ケースの判断が必要で，事前に明確な基準を示すことは難しいです。また，実際に事件として取り上げようとしても，優越的地位の濫用を受けた側の下請事業者は，報復をおそれ，公正取引委員会の審査に協力してくれません。

そういった実情から，下請法が制定されました。客観的に違反行為を識別し法適用できるように規定することで，委託発注元の事業者が禁止される行為を客観的な基準で自覚し，違反行為を未然に防ぐことが期待されています。

もともとは製造業を念頭に，物品の製造委託・修理委託だけが対象だったのですが，時代が変わり，IT産業やサービス業も対象として追加されています。

(2) 対 象

独占禁止法の優越的地位の認定では，相対的な優位性を判断しなければなりませんが，下請法では，すっぱりと割り切った認定をします。客観的に明確な資本金額を基準に，下請法の適用対象となる取引かどうか，を判断します（下

請法2条7項・8項)。

下請法の適用対象

（a） ・物品の製造委託・修理委託
・プログラムの作成委託
・運送，物品の倉庫における保管および情報処理にかかる役務提供委託
［親事業者］　　　　　　　［下請事業者］
資本金3億円超の法人　→　資本金3億円以下の法人・個人
資本金1000万円超の法人　→　資本金1000万円以下の法人・個人

（b） ・情報成果物作成委託（プログラムの作成を除く）
・役務提供委託（運送，物品の倉庫における保管および情報処理を除く）
［親事業者］　　　　　　　［下請事業者］
資本金5000万円超の法人　→　資本金5000万円以下の法人・個人
資本金1000万円超の法人　→　資本金1000万円以下の法人・個人

　かなりざっくりした割り切りであることは否めません。例えば，(a)だと，資本金3億1000万円の事業者が，資本金3億円の事業者に委託する場合は対象となります。ところが，資本金3億円の事業者が，資本金1500万円の事業者に委託する場合には対象となりません。前者はほとんど資本金額の差がなく，後者の方が差が大きいのに，下請法の対象となるのは前者です。

　下請法を事後的に適用して違法とすることよりも，誰と誰の委託契約が下請法の対象となるか，事前に，明確にわかっていて，自主的に予防することを目的にしているのです。それで，多少のことには目をつぶって，基準の明確さを優先した規定になっています。

(3) 親事業者の義務と禁止事項

　下請法の「親事業者」に該当する場合には，(a)義務づけがなされ，(b)禁止される行為があります（親事業者に該当しない場合でも，(b)に当たる行為が独占禁止法で優越的地位の濫用になる可能性はあります）。

POINT

下請法の規制内容

(a) 義　務
　　　(ア) 書面の交付義務（3 条）
　　　(イ) 書類の作成・保存義務（5 条）
　　　(ウ) 下請代金の支払期日（受領から 60 日以内）を定める義務（2 条の 2）
　　　(エ) 遅延利息の支払義務（4 条の 2）

(b) 禁止事項
　　　(ア) 受領拒否の禁止（4 条 1 項 1 号）
　　　(イ) 下請代金の支払遅延の禁止（4 条 1 項 2 号）
　　　(ウ) 下請代金の減額の禁止（4 条 1 項 3 号）
　　　(エ) 返品の禁止（4 条 1 項 4 号）
　　　(オ) 買いたたきの禁止（4 条 1 項 5 号）
　　　(カ) 購入・利用強制の禁止（4 条 1 項 6 号）
　　　(キ) 報復措置の禁止（4 条 1 項 7 号）
　　　(ク) 有償支給原材料等の対価の早期決済の禁止（4 条 2 項 1 号）
　　　(ケ) 割引困難な（長期の）手形の交付の禁止（4 条 2 項 2 号）
　　　(コ) 不当な経済上の利益の提供要請の禁止（4 条 2 項 3 号）
　　　(サ) 不当な給付内容の変更・やり直しの禁止（4 条 2 項 4 号）

　親事業者の(a)義務の(ア)(イ)は，下請事業者に事前に条件を明確に示すだけでなく，証拠保全としても必要です。口約束では，調査に入っても口裏合わせされてしまいます。(ウ)(エ)については，下請法の正式名称が「下請代金支払遅延等防止法」ということからもわかりますね。なかなか代金を支払わない親事業者が多かったのでしょう。

　親事業者の(b)禁止事項については，だいたい見ればわかりますね。どれも下請事業者に合理性のない不利益を押しつけたり，過度の負担を強いる行為です。

(4) 執　行

　公正取引委員会および中小企業庁は，書面調査を実施し，必要に応じて立入検査を行います。違反があるときは，公正取引委員会は，違反行為者に対し，

勧告（下請法7条）や警告などを行います。中小企業庁は，公正取引委員会に，措置請求することができます。

　勧告された事件は，原則として公表されます。違反した親事業者が勧告に従う場合には，独占禁止法は適用されません（下請法8条）。従わない場合は，独占禁止法の優越的地位の濫用が適用され，排除措置命令と課徴金納付命令の対象となる可能性があります。

　公正取引委員会は，親事業者の自発的な改善措置を歓迎しています。公正取引委員会が調査に着手する前に，違反行為を自発的に申し出て，かつ，下請事業者に与えた不利益を回復するために必要な措置等の自発的な改善措置をとっているなどの事由が認められる事案については，勧告する必要はないものとして扱われます[56]。年によって違いますが，例えば，2019（令和元）年度には，78件の自発的申出があり，下請事業者1926名に対して，総額5849万円相当の原状回復が行われました。

　公正取引委員会のホームページを訪問すると，下請法の質問コーナーがあります。また，各種パンフレットの他に，詳しい講習会テキストも見ることができます。

┃ (5)　学生Eの感じた「不公正」┃

　ここで，⇒144頁1・1の学生Eの例を検討してみましょう。

　学生Eは，「うちの実家は小さな工場で，自動車の部品を作ってます。ずっと納入しているメーカーから，余った部品の返品とか，一方的な値下げとかされることがあるみたいです。でも，そのメーカーとの取引がなくなったら倒産するしかないので，無茶な要求でも応じるほかない，と私の親は言ってました。でも，そんなのひどいと思います」と言っていました。

　いかにも下請法の対象になりそうな行為です。まずは，双方の資本金額が(2)の要件に当てはまり，部品の製造委託であることが前提となります。そして，メーカーが，余った部品の返品をし，その分の対価を支払わないのであれば，(3)の POINT にある(エ)返品の禁止（下請法4条1項4号）に該当します。また，一

note
[56]　「下請法違反行為を自発的に申し出た親事業者の取扱いについて」公正取引委員会報道発表資料（平成20年12月17日）。

方的な値下げが，契約前に条件を押しつけるのであれば㋔買いたたきの禁止（下請法 4 条 1 項 5 号）に，事後の支払の段階で減額されるのであれば㋚不当な給付内容の変更の禁止（下請法 4 条 2 項 4 号）に該当します。

　仮に，⑵の要件を満たさない場合には，下請法ではなく，独占禁止法の優越的地位の濫用の適用を検討することになります。

事 項 索 引

判例等索引

主要な企業結合事例───────────────────────●

【有斐閣ストゥディア】

経済法
Economic Law

2023 年 9 月 5 日 初版第 1 刷発行

編著者	河谷清文
著　者	中川寛子, 西村暢史
発行者	江草貞治
発行所	株式会社有斐閣
	〒101-0051 東京都千代田区神田神保町 2-17
	https://www.yuhikaku.co.jp/
装　丁	キタダデザイン
印　刷	萩原印刷株式会社
製　本	大口製本印刷株式会社
装丁印刷	株式会社亨有堂印刷所

落丁・乱丁本はお取替えいたします。定価はカバーに表示してあります。
©2023, K.Kotani,H.Nakagawa,N.Nishimura.
Printed in Japan ISBN 978-4-641-15101-7